AF467476

NOTICE HISTORIQUE

SUR LE

DÉPARTEMENT DE LA HAUTE-SAONE

PAR

A. FENARD

Inspecteur de l'enseignement primaire.

---

§ Ier. — LA GAULE INDÉPENDANTE.

Un siècle environ avant J.-C., notre département faisait partie de la province gauloise de Séquanie (de *Sequana*, Seine).

Les habitants de la Séquanie sont désignés dans l'histoire sous le nom de *Séquanes* ou *Séquaniens*. Ils étaient, fréquemment en guerre avec leurs voisins de l'ouest, les Éduens; mais ceux-ci étaient puissants, courageux, et fortement organisés en vue des combats.

Les Séquaniens trouvent des alliés chez les Arvernes, qui cherchent à établir leur prépondérance sur toutes les tribus gauloises. Arvernes et Séquaniens appellent à leur secours le chef germain Arioviste, qui se tient en observation de l'autre côté du Rhin à la tête de ses Suèves, et qui n'attend qu'une occasion favorable pour s'immiscer dans les affaires de la Gaule. Il répond à l'appel des Arvernes : grâce à son armée, les Éduens sont vaincus. Après la victoire, il refuse de repasser le Rhin, s'établit, au contraire, au milieu de ses alliés, et 120,000 Suèves viennent successivement le rejoindre.

Pour se venger des Suèves, les Arvernes et les Séquanes se réconcilient avec les Eduens; mais, malgré leur union contre l'ennemi commun, ils sont vaincus à *Amagetobria* (aujourd'hui Broye-les-Pesmes), l'an 63 avant J.-C.

A la nouvelle de ce désastre, l'Eduen Divitiac est envoyé à Rome pour solliciter l'appui du Sénat, qui hésite d'abord à diriger les légions romaines vers le nord de la Gaule. Il lui suffisait de posséder, sur les bords de la Méditerranée, la *Province romaine*, qui assurait ses communications avec l'Espagne.

Mais on apprend tout à coup que cette province est menacée par les Helvètes, qui, lassés d'être harcelés sans cesse par les Germains, se préparent à envahir la Gaule, au nombre de 360,000, pour aller s'établir sur les bords de l'Océan.

Le sénat charge Jules César d'arrêter les Helvètes; ceux-ci sont complètement défaits sur la rive gauche de la Saône.

Derrière les Helvètes se trouvaient les Suèves; Arioviste refuse avec hauteur un accommodement que lui propose César. Les deux armées en viennent aux mains, dit-on, dans les environs de *Ronchamp* et de *Champagney*. Vaincu, Arioviste est obligé de repasser le Rhin.

Les Gaulois croyaient avoir enfin recouvré leur indépendance : ils se trompaient. Les Romains suivent l'exemple des *Suèves*; bien plus, ils cherchent à établir leur autorité sur toute la Gaule. Après une lutte de huit années, César réussit à dompter les résistances des Gaulois et de leur chef, Vercingétorix. La Gaule, épuisée par la guerre, accepte la domination et la civilisation des Romains.

Souvenirs gaulois : On a trouvé des *menhirs* à Arcz, à Fouvent-le-Haut, à Champey, à Raddon; un *cromlech* à Visoncourt; les eaux thermales de Luxeuil étaient connues des Gaulois.

Quelques auteurs ont voulu faire honneur aux Gaulois du fameux camp retranché du *Mont-Vaudois*, près d'Héricourt; mais il a été établi assez récemment que ces constructions sont bien plus anciennes, et qu'elles appartiennent à l'âge de la pierre polie, de la période préhistorique.

§ II. — LA GAULE ROMAINE.

Après avoir soumis les Gaulois, les Romains cherchent à les séduire par les bienfaits de leur civilisation. Ils ouvrent des routes larges et commodes, embellissent les villes, enseignent aux vaincus les arts manuels.

Ils ont laissé dans la Séquanie de nombreuses traces de leur passage; on trouve encore des vestiges de camps retranchés à Villers-les-Luxeuil, à Montarlot-sur-Salon, à Navenne, à Frotey-les-Vesoul, à Charmes-Saint-Valbert, à Noroy-les-Jussey, au Mont-Châtelard, à Mantoche, à Bourguignon-les-Morey; il y a des restes d'aqueducs romains à Broye-les-Pesmes, à Luxeuil; les plus importantes des voies romaines étaient celle de Corre (ancienne Dittation) à Lure et Montbéliard, celle de Besançon à Plombières, par Vesoul et Luxeuil, et celle de Langres à Belfort, par Vesoul.

Le premier gouverneur romain de la Séquanie est Labiénus, lieutenant de César, qui y prend deux fois ses quartiers d'hiver, et qui, sur l'ordre de son maître, fait réparer les thermes de Luxeuil (Loxovium).

L'an 30 avant J.-C., le triumvir Octave est proclamé empereur sous le nom d'Auguste; il fait restaurer un certain nombre de villes de la Séquanie, et en fait bâtir de nouvelles.

Le pays est réuni à la province dite *Lyonnaise* vers la fin du deuxième siècle après J.-C.

Quelque temps auparavant, le christianisme avait été apporté dans la région par *saint Irénée*, évêque de Lyon, qui avait envoyé en Séquanie deux jeunes Athéniens, *Ferréol* et *Ferjeux*. Ces deux apôtres évangélisèrent le pays, mais ils furent martyrisés en 211.

Cependant l'empire romain d'Occident présentait des symptômes non équivoques de décadence. Les Barbares, qui erraient de l'autre côté du Rhin, cherchent à diverses reprises à profiter de sa faiblesse; les Alamans ravagent le pays plusieurs fois, notamment en 260 et en 296, époque à laquelle ils détruisent l'importante cité de *Corre*. Le 31 décembre 406 et pendant l'année 407, le flot des Barbares déborde sur la Gaule: Hérules, Saxons, Sicambres, Suèves, Vandales, Sarmates, Gépides détruisent tout sur leur passage; Luxeuil, Port-sur-Saône (Port-Abucin), Seveux sont brûlés et livrés au pillage.

En 413, les Burgondes passent le Rhin sous la conduite de *Gondicaire*, qui fonde en Séquanie le royaume des *Burgondes* ou *Bourguignons*.

« C'était un peuple doux et le plus civilisé de tous les Barbares, exerçant les métiers de charpentiers et de forgerons. » De bonne heure ils s'étaient convertis au christianisme; mais ils avaient embrassé bientôt l'arianisme, rejetant ainsi la croyance à la divinité de J.-C.

A son tour, Attila, roi des Huns, veut prendre sa part des dépouilles de l'empire romain d'Occident : il remporte une victoire sur les Burgondes en 451; mais il est battu quelque temps après à *Châlons-sur-Marne*, par Mérovée, roi des Francs, et Aétius, chef des Romains.

Dans sa retraite, il traverse la Séquanie, où il pille Luxeuil, ville déjà fortifiée, Saint-Loup (Grannum), Besançon. Il massacre, près de Franchevelle, *sainte Ursule* et ses compagnes, lesquelles sont encore en grande vénération dans ce village et les environs.

Après la mort de Gondicaire, son royaume est partagé entre ses quatre fils. L'aîné, *Gondebaud*, pour augmenter sa part d'héritage, tue son frère, le père de Clotilde, future reine des Francs.

Gondebaud se montre doux à l'égard de ses sujets; il promulgue la *loi Gombette* qui accorde aux Gallo-Romains les mêmes droits qu'aux Burgondes.

Mais Clotilde ne pardonne pas à Gondebaud le meurtre qu'il a commis; elle excite Clovis contre lui. En l'an 500, Clovis, quelque peu converti au christianisme, attaque Gondebaud sous prétexte qu'il est arien. Il le bat près de *Dijon* et la Séquanie devient tributaire du royaume des Francs.

§ III. — LA GAULE FRANQUE.

Les fils de Clovis ne tardent pas à attaquer les Burgondes, gouvernés par *Gondemar II*. Ce prince est d'abord victorieux; mais, dans une deuxième rencontre, il est vaincu par Childebert Ier, roi de Paris, et Clotaire Ier, roi de Soissons. La monarchie Burgonde est détruite après avoir duré 121 ans.

Clotaire Ier devient le seul maître de la Bourgogne, en 558. A sa mort, en 561, cette province constitue le royaume de son fils *Gontran*.

Sous le règne de Gontran, en 590, un moine irlandais, *saint Colomban*, fonde l'abbaye de Luxeuil, à laquelle il annexe une université. Aussi, la ville de Luxeuil, déjà célèbre sous les Celtes et les Romains, est-elle bientôt connue dans toute l'Europe. C'est dans le monastère de Luxeuil que, vers 673, on enferme *Ebroïn*, maire du Palais de Neustrie et de Bourgogne, et, un peu plus tard, son rival *saint Liedger*, évêque d'Autun.

En 610, un disciple de Colomban, *saint Desle*, fonde l'abbaye de Lure qui devient aussi fort riche et fort célèbre. Cette abbaye a été plus tard réunie à celle de Mürbach, en Alsace.

En 771, la Bourgogne fait partie de l'empire de *Charlemagne;* puis, en 814, de celui de son fils, *Louis le Débonnaire*. Ce dernier partage bientôt son empire entre ses fils : la Séquanie est distraite du royaume des Francs, et, au traité de Verdun, elle passe sous la domination de *Lothaire Ier*, empereur d'Occident et roi d'Italie (843).

C'est là l'origine d'une série de luttes par lesquelles les vieux Gaulois cherchent, sous la conduite des Francs, à reprendre une terre d'origine gauloise. Ils n'arrivent à ce résultat que huit siècles plus tard.

La Séquanie appartient successivement à *Charles le Chauve*, à son beau-frère *Boson*, duc de Milan, puis à *Rodolphe II*, roi de la Bourgogne transjurane (930).

Sous le gouvernement de Rodolphe II, la Séquanie est désolée par une invasion de Hongrois (937). Ces guerriers, qui sont restés à peu près étrangers à la civilisation de l'Occident, commettent d'affreux ravages dans la région. La ville de Lure est complètement détruite par eux. Néanmoins, les populations, unies aux seigneurs, réussissent à les repousser.

§ IV. — LA FÉODALITÉ.

Après le départ des Hongrois, les habitants des villes et des campagnes cherchent à réparer les désastres de l'invasion et à en prévenir le retour. Afin de faciliter la défense dans l'avenir, on construit de nombreux châteaux-forts, qui deviennent les demeures des seigneurs. Le peuple s'habitue promptement à regarder comme son seul maître le seigneur qu'il voit souvent. Le pays est bientôt hérissé de forteresses ; le comté de Port, qui s'étendait des Vosges à Besançon, se fait remarquer entre tous les autres par le grand nombre de ses demeures féodales.

Plusieurs forteresses ont un rôle important dans l'histoire locale. Nous pouvons citer *Jussey*, ville ancienne et rempart très solide, les châteaux de *Richecourt* et de *Bourbévelle*, et, à quelque distance, le vieux manoir de *Demangevelle*, qui commandait la vallée de Coney. Les deux châteaux de *Passavant* et la forteresse de *Jonvelle* semblaient menacer constamment la Lorraine. Le château de *la Motte*, près de Vesoul, était réputé imprenable. On ne peut passer sous silence les demeures féodales de Mondoré, Vauvillers, Saint-Remy, Magny-les-Jussey, Amance, Montjustin, Oricourt, Granges, Grammont, Héricourt, Etobon, Passavant près de Champagney, Melisey, Faucogney, Lavoncourt, Pesmes.

L'une des plus puissantes maisons seigneuriales a été celle de *Faucogney* : les sires de Faucogney étaient en même temps vicomtes de Vesoul ; ils pouvaient aller de Faucogney à Vesoul sans sortir de leurs terres.

Les noms des seigneurs de Port, de Jonvelle, de Raincourt, de Traves, de Scey, de Pesmes, de Ray tiennent une grande place dans l'histoire particulière du département.

Tous ces seigneurs, d'humeur batailleuse, passent la plus grande partie de leur vie à guerroyer les uns contre les autres. Toutefois, ils savent en général s'unir lorsqu'un danger commun les menace : en 988, ils défendent vaillamment la ville de Vesoul contre le frère de Hugues-Capet, Henri-le-Grand, duc de Bourgogne, et Lambert, comte de Châlon. La ville n'en tombe pas moins au pouvoir des assiégeants, qui l'occupent très peu de temps.

C'est à peu près à cette époque que les religieux de l'ordre de Citeaux fondent dans la région des abbayes qui deviennent célèbres. Les principales furent celles de Clairefontaine, Cherlieu, Theuley, Bithaine, la Charité.

Ces moines laboureurs, tout en exploitant la crédulité des seigneurs et des paysans, rendent des services en défrichant le sol, en perfectionnant les procédés de culture ; ils copient aussi des manuscrits, tout en s'occupant d'œuvres de charité.

En 1032, la province devient un fief de l'empire d'Allemagne ; elle est érigée en comté par *Conrad le Salique*. — Le nom de *Franche-Comté* lui est alors donné parce qu'aucun impôt régulier n'y est prélevé : « Lorsque les comtes avaient besoin d'argent pour le souverain ou pour eux-mêmes, ils s'adressaient aux barons et aux bourgeois des villes, plus tard aux Etats de la province pour obtenir des subsides ou des dons plus ou moins considérables. »

Néanmoins les Francs-Comtois se soumettent difficilement à l'autorité de l'Allemagne. A diverses reprises ils manifestent leur mécontentement. Ils en sont quelquefois punis : en 1289, Rodolphe de Habsbourg, empereur d'Allemagne, s'empare de Luxeuil et livre la ville au pillage.

La Comté est donc sous la domination allemande à l'époque des croisades. Les seigneurs comtois prennent part à ces expéditions en Terre-Sainte. On les trouve surtout à la seconde croisade, prêchée par saint Bernard sur l'ordre du pape Eugène III. A la voix éloquente de l'abbé de Clairvaux, les gentilshommes quittent leurs castels pour défendre Jérusalem menacée par les infidèles (1147.) Le sire de Faucogney, Guy, chevalier d'Aillevillers, et ses trois fils, Pierre et Hugues de Vougécourt, Gilbert d'Ovanches, Gilbert de Varigney, Garnier de Conflans, Thiébaud de Saulx, Guy de Dampierre, les seigneurs d'Anchenoncourt, de Saponcourt prennent la croix et partent pour la Terre-Sainte, non sans avoir fait des libéralités aux moines en vue de se concilier la protection du Tout-Puissant.

A la suite des croisades, des chevaliers du Temple et de Malte viennent s'établir en Comté ; il y avait des commanderies du Temple à Chantes, Chevigney, Cintrey, La Villedieu-en-Fontenette, Velorcey, Vy-les-Filain. Les chevaliers de Malte possédaient un château à Montseugny ; leur commanderie de Sales était l'une de leurs plus belles propriétés.

§ V. — LA COMTÉ ET PHILIPPE-LE-BEL

Après trois siècles environ de domination allemande, la Comté est réunie momentanément à la France, grâce à l'habileté diplomatique du roi *Philippe-le-Bel*.

En 1295, ce pays appartenait depuis une dizaine d'années au palatin *Othon IV*, le même qui fonda à Gray une université. Ce prince avait toujours montré de vives sympathies pour la France, à laquelle il avait offert son concours pour venger le massacre des *Vêpres Siciliennes*.

Othon IV, d'une conduite déréglée, perdu de dettes, excommunié par l'archevêque de Besançon, humilié par ses suzerains, les empereurs Rodolphe de Habsbourg et Adolphe de Nassau, se jette dans les bras de la France. Par un traité conclu à Vienne, en 1295, il donne en mariage à Philippe-le-Long, fils de Philippe-le-Bel, sa fille Jeanne, et abandonne tous ses droits sur la Comté, sous la réserve d'une simple pension. A la nouvelle de ce traité, les barons comtois prennent les armes et appellent à leur secours l'empereur Adolphe de Nassau qui commence par déclarer la province réunie à sa couronne.

Mais Philippe-le-Bel fait envahir la Comté. L'armée française, après une lutte sanglante qui dure trois ans, s'empare de toutes les forteresses comtoises. Les châteaux situés sur les routes de Jonvelle et de Vauvillers à Vesoul sont pris et repris par chacune des deux armées. Othon IV, qui a suivi cette lutte d'un œil indifférent, meurt en 1309 ; on l'enterre au monastère de Cherlieu.

En 1330, *Eudes IV*, duc de Bourgogne, gendre et héritier de la comtesse Jeanne, réunit la Comté à ses Etats. Mais bientôt les barons comtois se révoltent contre lui, et ils tiennent plusieurs années contre l'armée ducale. Néanmoins les Bourguignons réussissent à s'emparer des places fortes les plus importantes et à soumettre le pays à peu près ruiné par la guerre.

Mais en 1346, après la bataille de Crécy, où le duc

Eudes fait des prodiges de valeur pour soutenir la chevalerie française, les barons comtois se révoltent de nouveau. Ils pillent les campagnes de Vesoul et de Montjustin, et mettent à feu et à sang la plus grande partie du bailliage d'Amont.

Aux malheurs de la guerre s'ajoute un terrible fléau, la *peste noire*, venue d'Italie, qui s'abat sur la Comté au printemps de l'année 1349, et qui porte, dans les campagnes les plus reculées, la terreur et la désolation.

§ VI. — LA GUERRE DE CENT ANS

Après la bataille de Poitiers, les Anglais se répandent dans la plus grande partie de la France. Plusieurs compagnies arrivent en Comté et mettent le siège devant Vesoul (1360.) Cette ville devient leur proie : ils la livrent au pillage et à l'incendie, et elle ne se relève de ses ruines qu'en 1369. Après la prise de Vesoul, les Anglais ravagent toute la région du nord de la Haute-Saône et s'emparent de *Jussey* malgré une héroïque défense de la garnison.

Le traité de Brétigny avait bien rétabli la paix avec l'Angleterre, mais non supprimé les désordres intérieurs: les *Tard-Venus*, les *Grandes Compagnies*, les *Routiers* font de fréquentes incursions dans les deux Bourgognes, et pillent de préférence les abbayes et les monastères. Une bande de ces aventuriers brûle en 1360 la ville de *Gray*.

A son retour de captivité, le roi Jean, toujours peu habile, ne tarde pas à commettre une grave faute politique.

Dans son aveugle affection pour son fils Philippe-le-Hardi, il lui donne en apanage la Bourgogne qu'il détache du domaine royal. Philippe réunit bientôt à son duché, moitié par ruse, moitié par force, la seigneurie de Jonvelle, puis, par son mariage, toute la Franche-Comté.

La puissante maison des ducs de Bourgogne était fondée ; elle devait créer dans l'avenir plus d'un embarras à la France. A la suite de l'assassinat du duc Jean-sans-Peur au pont de Montereau (1419), la lutte des Armagnacs et des Bourguignons a son contre-coup en Comté, où les Armagnacs détruisent le village de *Demangevelle*.

Après la signature du traité d'*Arras* (1435), cinq à six cents soldats licenciés, surnommés les *Ecorcheurs*, parcourent la Champagne et la Comté, où ils se livrent aux plus grands excès : les habitants des campagnes, pour leur échapper, se réfugient dans les places fortes et dans les souterrains ; beaucoup meurent de faim ; d'autres sont atteints de la peste noire qui sévit avec une effroyable intensité.

Pendant les années suivantes, les Ecorcheurs prennent pour chef le dauphin Louis, fils de Charles VII : les seigneuries de Jonvelle, Saint-Loup, Fougerolles, Luxeuil, Granges, Etobon sont pillées et dévastées par eux ; les monastères de Luxeuil, Bithaine, Clairefontaine, Faverney sont profanés ; de pauvres paysans sont attachés aux branches des arbres et brûlés à petit feu.

Pour occuper l'humeur remuante de son fils, Charles VI l'envoie, à la tête des Ecorcheurs, au secours de l'empereur d'Allemagne contre les Suisses. Louis remporte la victoire de *Saint-Jacques* (1444), où il perd 8000 Ecorcheurs, double profit pour le pays.

§ VII. — LOUIS XI ET CHARLES-LE-TÉMÉRAIRE.

Charles-le-Téméraire, souverain de la Bourgogne, de la Comté et des Pays-Bas, rêve d'échanger sa couronne ducale contre une couronne royale et de relier ses possessions par l'annexion de la haute Alsace et de la Lorraine.

Mais il est surveillé par le roi de France, l'astucieux Louis XI, qui réussit à former, contre le *grand-duc d'Occident*, une ligue dans laquelle entrent les Suisses, René de Lorraine et Frédéric III, empereur d'Allemagne. Louis XI fait envahir la Comté par *Nicolas d'Aresbac* à la tête de 16,000 Français et Liégeois. Cette armée pille et brûle Bourbévelle, Vougécourt, Corre, Selles, Mondoré, Jonvelle, et se dirige sur Vesoul. Dans le même temps, 18,000 Allemands et Suisses, commandés par l'archiduc Sigismond d'Autriche, entrent en Comté par le pays de Montbéliard et mettent le siège devant *Héricourt*, dont le seigneur s'est déclaré pour

Charles-le-Téméraire. Les Bourguignons accourent à marche forcée sous les ordres de *Jacques de Savoie*, comte de Romont. Une grande bataille est livrée dans le village d'Héricourt, près de Chagey et de Luze (1475). Les Bourguignons sont défaits, grâce à la tactique des Suisses; la cavalerie des alliés les poursuit jusqu'au château de Passavant, entre Plancher-Bas et Champagney. Plus de deux mille hommes restent sur le champ de bataille; de 800 soldats du village de Faucogney, qui passaient pour les plus vaillants de la Comté, il n'en revient qu'un sur dix. Héricourt est remis à l'archiduc Sigismond par les traités de *Zurich* (1477-78).

Tandis que ces événements se passent à Héricourt, un lieutenant de Louis XI, Georges de la Trémouille, héritier du dernier sire de Jonvelle, furieux d'avoir été exclu de sa succession par le duc Philippe-le-Bon, se précipite comme la foudre sur Jonvelle, Jussey, Faverney, Conflans, Châriez, Champlitte, puis se replie sur Gray. Sa vengeance assouvie, il prend possession de son héritage.

La mort du Téméraire, arrivée à Nancy, le 5 janvier 1477, fournit à Louis XI l'occasion de faire envahir ses États par des armées françaises. Effrayée, *Marie de Bourgogne* épouse *Maximilien* d'Autriche pour se donner un protecteur. Maximilien veut d'abord défendre les domaines de son épouse; pendant cette lutte, Charles d'Amboise détruit la ville de Vesoul, brûle les archives déposées au château, et fait passer les habitants au fil de l'épée; il s'empare de Gray, Luxeuil, Faucogney, Héricourt, Noroy, Montjustin. Le château de Granges-le-Bourg tombe au pouvoir des Autrichiens qui en abattent les tours et les fortifications (1477).

Après la bataille indécise de *Guinegatte* (1479), bien qu'ayant réussi à chasser les Français de Vesoul, d'Amance et de Jonvelle, Maximilien, fatigué de la lutte, n'en signe pas moins avec Louis XI le traité d'*Arras* (1482), par lequel il abandonne au roi de France la plus grande partie de l'héritage de Marie de Bourgogne.

L'héritier de Louis XI, Charles VIII, ne sait pas conserver la Comté à la France. Au moment de partir pour l'Italie, il la restitue à Maximilien par la paix de *Senlis* (1493.)

La Franche-Comté reste attachée à l'empire d'Allemagne jusqu'en 1504.

§ VIII. — LA DOMINATION ESPAGNOLE.

Philippe le Beau, fils de Maximilien, épouse, en 1504, Jeanne la Folle, fille de Ferdinand d'Aragon et d'Isabelle de Castille. Il devient roi d'Espagne, et laisse en mourant la couronne à son fils Charles, depuis *Charles-Quint* (1506). Ce prince, souverain de l'Aragon, de la Castille, des deux Bourgogne, de Naples, des Pays-Bas et d'une partie du Nouveau-Monde, est élu empereur d'Allemagne en 1520. Il se montre bon pour les Francs-Comtois qu'il vient visiter à plusieurs reprises. En 1538, il fait augmenter les fortifications de Champlitte, et creuser des fossés autour de cette petite ville. En 1545, il fait occuper Héricourt, terre de franc-alleu, en vue de prendre des dispositions défensives contre François 1er.

En 1548, la diète d'Augsbourg déclare, par son ordre, la Franche-Comté province d'empire. Dix ans plus tard, il partage ses immenses possessions entre son frère Ferdinand et son fils *Philippe II*. Ce dernier devient le souverain de la Franche-Comté.

Deux événements, d'importance différente, se sont produits en Comté pendant que ce pays était sous la domination de Charles-Quint : le premier est le soulèvement des *Rustauds* ou *Bonshommes* ; le second, l'introduction de la réforme luthérienne dans la seigneurie d'Héricourt.

Les Bonshommes n'étaient que des paysans soulevés contre la noblesse et le clergé. Le mouvement, commencé en Souabe, s'était communiqué de proche en proche jusque dans le comté de Montbéliard (1525). Belfort fut le centre d'où rayonnaient ces bandes de pillards qui dévastaient surtout les prieurés et les monastères. On évaluait leur nombre à environ 25,000.

Quelques seigneurs bourguignons s'unissent pour les combattre. Ils les défont en plusieurs rencontres, à *Fresse*, à *Montbozon* et dans les environs de *Villersexel*. Cependant ils ne peuvent les déloger de Granges où ils se sont fortifiés. Les Bonshommes restent maîtres du pays pendant la plus grande partie de l'année 1525, encouragés d'ailleurs et soutenus par le comte de Montbéliard et par François Ier. Ce soulèvement ne pouvait avoir aucun résultat favorable à la cause populaire : il n'a eu aucune portée politique.

Il n'en est pas de même de la réforme religieuse, introduite dans le comté de Montbéliard en 1538. Cette réforme n'était pas réclamée par le peuple : « Seuls les seigneurs décidèrent dans ce grave problème, seuls ils décrétèrent comment le peuple serait instruit des vérités de la foi et comment il mériterait le Ciel. » Le peuple se fait protestant où les seigneurs le deviennent; tout à côté, il reste catholique lorsque les souverains n'acceptent pas la nouvelle doctrine. Le village de Tavey présente encore un curieux exemple de cette dualité du culte : il appartenait partie à l'abbaye de Lure, et partie aux princes de Montbéliard; les sujets de ces derniers deviennent protestants et ceux de l'abbaye restent catholiques. A l'époque actuelle, les deux fractions confessionnelles sont respectivement les mêmes qu'au XVIe siècle. La nouvelle foi fut adoptée à peu près passivement dans la seigneurie d'Héricourt (1562). Il n'y eut ni protestations contre les décisions du prince, ni lutte à main armée.

Cependant les guerres de religion qui ensanglantent la France pendant un demi-siècle ont leur contre-coup dans la Comté: les luthériens allemands cherchent à diverses reprises, soit à faire du prosélytisme, soit à attaquer les catholiques dans le but de se défendre. C'est ainsi qu'en 1558, 12,000 Allemands, sous les ordres du baron de Polvillers, mettent le siège devant Vesoul; mais une certaine nuit, Frais-Puits jette une si grande quantité d'eau que la plaine en était couverte jusqu'à une hauteur de deux pieds. Le baron allemand, croyant à un miracle, s'enfuit en abandonnant la plus grande partie de ses bagages et de ses munitions de guerre.

Onze ans plus tard, des soldats allemands, appelés par Condé et Coligny, entrent en Comté sous la conduite de Guillaume de Nassau, prince d'Orange. Ils dévastent Luxeuil, Conflans, Jussey, brûlent l'abbaye et le bourg de Faverney, ainsi que les monastères de Cherlieu et de Clairefontaine.

A la même époque, la peste noire vient de nouveau visiter les populations déjà si éprouvées de la Comté; elle devient si terrible en 1586 que les habitants de Vesoul quittent la ville pour aller s'établir dans les forêts.

Après l'assassinat de Henri III (1589), la couronne de France revient à Henri de Navarre. Celui-ci, en sa qualité de calviniste, a pour ennemi le roi d'Espagne, qui soutient les Ligueurs. Mais, après son abjuration, Henri IV, reconnu roi de France (1594), déclare la guerre à l'Espagne (1595). Il remporte la victoire de *Fontaine-Française*, puis s'empare de *Champlitte* et de *Pesmes*. Il envoie en Comté une armée de 6,000 Lorrains, commandée par d'*Aussonville* et *Tremblecourt*. Ces deux capitaines prennent possession de Jonvelle, Jussey, Demangevelle, Vauvillers, Amance, Port-sur-Saône, Traves, Marnay, Gy; ils se signalent par des cruautés effroyables; Vesoul obtient cependant une capitulation honorable, ce qui n'empêche pas les Lorrains de s'y comporter comme dans une ville prise d'assaut. La plupart des places fortes de la plaine tombent au pouvoir des Français, et déjà d'Aussonville se prépare à attaquer les places de la montagne, lorsqu'une armée de 10,000 Espagnols arrive sous la conduite de *François de Velasco*, connétable de Castille. Il fait pendre aux fenêtres du château de Marnay les soldats que Tremblecourt y a laissés, force ce dernier à abandonner le château de la Motte et réussit enfin à chasser l'armée française de toutes les places dont elle s'est emparée.

Le traité de *Vervins*, signé en 1598, confirme celui de *Câteau-Cambrésis*, et laisse la Comté à l'Espagne.

§ IX. — CONQUÊTE DE LA FRANCHE-COMTÉ PAR LA FRANCE

Pendant la guerre de *Trente Ans*, Richelieu, qui veut abaisser la maison d'Autriche et qui convoite la Franche-Comté, s'allie secrètement avec la Hollande, les princes protestants d'Allemagne et Gustave-Adolphe, contre l'empereur et le roi d'Espagne. En 1631, les Impériaux envahissent l'Alsace sous les ordres de *Montécuculli*; mais ils sont rejetés sur la Franche-Comté par l'armée suédoise. Ils s'établissent à Lure et dans les seigneuries d'Héricourt, d'Etobon et de Montbéliard, où ils commettent toutes sortes d'excès. En 1633, Montécuculli est obligé de se retirer en Alsace.

La même année, le duc Charles IV de Lorraine, dépossédé par les Français, revient, avec 8,000 hommes, camper à Lure et menacer le comté de Montbéliard. Les habitants de ce pays sollicitent alors la protection de la France.

Louis XIII envoie comme gouverneur le marquis de *Bourbonne* qui occupe Montbéliard au mois de septembre 1633, et sait y résister aux Impériaux.

Au mois de mai 1636, Richelieu déclare officiellement la guerre à l'Espagne et à l'empereur d'Allemagne. *Condé* envahit la Franche-Comté à la tête de 20,000 hommes, traverse la Saône, et fait inutilement, pendant trois mois, le siège de Dôle. A la fin de la même année, l'empereur Ferdinand envoie au secours de la Comté une armée de 30,000 hommes, sous les ordres de *Gallas* et de *Piccolomini*. Le comte de Gallas reprend Jonvelle aux Français, et vient passer l'hiver à Jussey, tandis que son lieutenant se répand dans le pays pour le ravager.

Mais le vicomte de *Turenne* chasse Gallas de Jussey, dont il détruit les fortifications, et rejette les Impériaux du côté de l'Alsace (décembre 1636). Pendant leur retraite, ils essaient vainement de s'emparer de la forteresse d'Héricourt.

Richelieu, voulant achever rapidement la conquête de la Comté, y envoie son allié *Bernard de Saxe-Weimar*, chef de l'armée suédoise depuis que Gustave-Adolphe a trouvé une mort glorieuse sur le champ de bataille de Lutzen.

L'armée du duc de Weimar, composée de soldats allemands commandés par des officiers suédois, pénètre dans la Comté par la trouée de Belfort; elle pille notamment Châlonvillars, Couthenans, Ronchamp, Lure, Luxeuil, Granges-le-Bourg; tous les villages du nord-est sont saccagés et beaucoup de forteresses sont détruites. L'horrible souvenir « *des Suédois* » s'est perpétué jusqu'à nos jours parmi les populations franc-comtoises. Les villages situés sur la Saône et le Côney, c'est-à-dire les environs de Jussey et de Vauvillers, sont surtout éprouvés par la guerre. Le duc de Saxe reçoit l'ordre de se diriger sur Champlitte qu'il emporte d'assaut, tandis que Richelieu jette sur Jussey le vicomte de Turenne (1637-39).

Quelques années plus tard, en 1644, Turenne quitte les Vosges pendant la saison d'hiver, détruit le château de Melisey, puis fait le siège de Luxeuil, qui se défend bravement. Il accorde à cette ville une capitulation honorable; l'original de cette capitulation, signée de Turenne et scellée de son sceau, est déposé à l'hôtel-de-ville. Enfin Turenne arrive devant Vesoul, qui se rend par composition, et n'en est pas moins livrée au pillage.

En 1648, les traités de *Westphalie* rétablissent la paix entre les belligérants, à l'exception de l'Espagne qui continue les hostilités. A la suite de ces traités, les troupes françaises abandonnent Montbéliard et Héricourt. Après les victoires de Turenne à *Arras* et aux *Dunes* (1658), l'Espagne épuisée demande la paix : le traité des *Pyrénées* lui rend la Franche-Comté (1659).

Cette province était à peu près ruinée ; la peste et la famine étaient venues ajouter encore aux malheurs de la guerre: le village d'Auxon-les-Vesoul demeura sept ans inhabité; à Abelcourt, il ne resta qu'un seul homme; à Lure, il n'y eut que dix naissances de 1636 à 1643.

A la mort du roi d'Espagne, Louis XIV réclame les Pays-Bas, en vertu du *droit de dévolution*. La guerre éclate de nouveau entre les Français et les Espagnols; mais, en 1667, Turenne fait la conquête de la Flandre en trois mois, et, l'année suivante, Condé s'empare de la Franche-Comté en trois semaines. La ville de Gray est assiégée en dernier lieu; elle capitule malgré son gouverneur et son maire. Celui-ci ne craint pas de dire à Louis XIV en lui présentant les clés : « *Sire, votre conquête serait plus glorieuse si elle vous avait été disputée.* » A la nouvelle de la formation de la *triple alliance*, Louis XIV signe le traité d'*Aix-la-Chapelle* (1668) par lequel il rend la Franche-Comté à l'Espagne, mais conserve la Flandre.

En 1673, Guillaume d'Orange décide l'empereur, les rois d'Espagne et de Danemarck à se liguer contre la France. Louis XIV ne s'effraie point : il met sur pied trois armées et envahit en personne la Franche-Comté, résolu à la conquérir définitivement. Il y réussit en six semaines. Le *duc de Noailles* s'empare de Gray, et le maréchal de *Luxembourg* occupe Héricourt. La petite ville de Faucogney, défendue par ses bourgeois auxquels s'étaient joints quelques habitants des villages voisins, a l'héroïsme de résister sans canons à l'armée commandée par le marquis de Resnel. Pendant trois jours, les assiégés font des prodiges de valeur, et montrent un courage digne d'un meilleur sort. Malheureusement, une petite porte mal surveillée permet aux Français de pénétrer dans la place. Ils se répandent dans les rues et livrent les maisons au pillage; ils tuent hommes, femmes, enfants, et ne respectent même pas, dans l'église, sous les yeux du prêtre, deux vieilles femmes, âgées l'une de 80 ans et l'autre de 102 ans.

Jusqu'au traité de *Nimègue* (1678), qui cède la Franche-Comté à la France, les montagnards de Faucogney refusent de payer leurs impôts. Louis XIV est obligé d'envoyer dans cette région un détachement de dragons pour accompagner dans ses tournées le collecteur des impôts.

Les habitants du petit hameau de Breuches-les-Loups, situé entre Corravillers et Beulotte-Saint-Laurent, sont les derniers qui résistent à l'occupation française; ils tuent le collecteur et anéantissent son escorte dont il ne s'échappe qu'un seul homme. Ils en sont cruellement punis : vingt-quatre sont condamnés à être pendus. Vingt d'entre eux réussissent à se soustraire aux recherches des Français, et vivent plus d'une année dans les forêts. Ils obtiennent des lettres de grâce de Louis XIV à la date du 31 juillet 1679.

La France s'est substituée peu à peu à l'Espagne dans l'affection des Francs-Comtois, qui sont tous fiers, aujourd'hui, d'être devenus Français.

§ X. — TEMPS CONTEMPORAINS

Révolution française. — Aux États-Généraux, réunis à Versailles le 5 mai 1789, la partie de la Comté qui correspond actuellement au département de la Haute-Saône, est représentée par douze députés, dont trois pour la noblesse, trois pour le clergé et six pour le Tiers-Etat.

L'un de ces députés, le savant *Bureaux de Pusy*, attache son nom à la division de la France en départements, en sa qualité de rapporteur de la loi votée par l'Assemblée Constituante le 22 décembre 1789, et promulguée le 26 février 1790.

En vertu de cette loi, la Haute-Saône nomme une administration départementale composée de trente-six membres. Cette administration se réunit pour la première fois le 9 juin 1790, sous la présidence du citoyen *Tricornot* du Trembloy, et choisit, dans son sein, huit délégués, qui constituent la Commission permanente ou *Directoire*.

En 1792, la Haute-Saône s'augmente momentanément d'un nouveau district, par suite de l'annexion à la France du comté de Montbéliard. Mais, quelque temps après, ce comté est rattaché au département du Doubs, à l'exception toutefois du canton de Clairegoutte.

A la Convention nationale, notre département envoie sept députés : tous votent l'abolition de la royauté et l'établissement de la République; tous proclament la culpabilité de Louis XVI ; mais quatre seulement se prononcent pour la peine de mort sans appel ni sursis (Bolot, Dornier, Gourdan, Siblot); les trois autres votent la détention perpétuelle et le bannissement à la paix (Balivet, Chauvier, Vigneron).

Pendant la Terreur, Robespierre jeune vient à Vesoul, en qualité de commissaire de la Convention, avec pleins pouvoirs pour assurer la sûreté publique. D'après les ordres de son frère, il se montre d'une extrême modération : non content d'empêcher les exécutions, il fait rendre à la liberté un grand nombre de détenus ; dans la seule ville de Vesoul, il ouvre les prisons à 800 personnes.

Chute du premier Empire; Invasion étrangère. — Après la désastreuse bataille de *Leipzig* (13 octobre 1813), Napoléon rentre précipitamment à Paris et se prépare à tenter un suprême effort. Un million d'ennemis envahissent la France. L'armée autrichienne, forte de 150,000 hommes, pénètre en Franche-Comté sous les ordres du prince de *Schwartzenberg*. L'aile droite de cette armée passe à Lure, Vesoul et Gray, se dirigeant sur Paris. Le 3 janvier, vingt hussards hongrois arrivent à Vesoul, s'emparent de la personne du préfet, M. Hilaire, et le gardent à vue dans sa chambre, afin de l'empêcher de soutenir les intrépides partisans qui harcèlent constamment l'armée ennemie, et retardent sa marche en avant.

Vers la fin de janvier, séjournent successivement à Vesoul, à quelques jours d'intervalle, le tzar Alexandre Ier, l'empereur d'Autriche François II, et le roi de Prusse Frédéric-Guillaume III.

Pendant ce temps, les quatre bataillons de la garde nationale mobile de la Haute-Saône, commandés par le comte de *Marmier*, s'immortalisent par la glorieuse défense d'Huningue et de Neuf-Brisach. Lorsqu'à son retour de l'Ile d'Elbe, Napoléon apprend ce brillant épisode, il adresse la croix d'honneur au comte de Marmier, et le charge de féliciter, en son nom, tous ses compagnons d'armes. Il dit un jour à madame de Marmier, en lui parlant de son mari : « Le pays doit être fier d'un tel homme, c'est un héros. »

Après Waterloo survient une nouvelle invasion : les enfants de la Haute-Saône, toujours sous les ordres du colonel de Marmier, se distinguent dans l'armée du général Lecourbe, qui réussit à défendre le passage de Belfort contre l'archiduc Ferdinand.

Mais la nation française, ayant assez souffert, refuse à Napoléon de consentir à de nouveaux sacrifices. L'empereur, forcé d'abdiquer, pour la seconde fois, laisse la France humiliée, amoindrie et ruinée par la guerre, après l'avoir trouvée grande et victorieuse.

Chute du Second Empire; Invasion étrangère. — De même que son oncle, Napoléon III a le triste destin de déchaîner sur la France le fléau de la guerre et de l'invasion étrangère.

Pendant la fatale campagne de 1870-71, le département de la Haute-Saône, traversé par les troupes françaises en retraite, puis occupé par les armées allemandes, souffre les excès les plus grands. Il est le principal théâtre des opérations de cette armée de l'Est, que MM. Gambetta et de Freycinet envoient de Bourges pour faire lever le siège de Belfort.

« L'armée de l'Est, commandée en chef par *Bourbaki*, se composait de quatre corps d'armée, les 15ᵉ, 18ᵉ, 20ᵉ et 24ᵉ ; de la division Cremer, forte de 15,000 hommes (remplacée au 24ᵉ corps par des troupes empruntées à la garnison de Besançon), et d'une réserve spéciale de 8,000 à 9,000 hommes, formée avec quelques bataillons d'élite. En tout, environ 140,000 hommes et 400 bouches à feu de tout calibre. »

Cette armée doit combattre contre le général de Werder, qui a sous ses ordres 45,000 hommes appuyés sur l'Alsace-Lorraine, et contre le général de Treskow, qui assiège Belfort avec 35,000 hommes.

Jusqu'au 22 décembre, le grand état-major allemand ignore les projets de Bourbaki ; mais, à cette date, il reçoit sur ce point des informations assez précises du prince Frédéric-Charles et du général Werder.

Dès lors, les Allemands se préparent à arrêter le général français, qui remonte la vallée de l'Ognon, dans l'espoir d'acculer Werder sous les murs de Belfort.

Le 6 janvier, Werder est encore à Vesoul, indécis, redoutant d'être tourné au sud des Vosges, et se préoccupant de ménager sa ligne de retraite vers l'Alsace. Toutefois il songe déjà à prendre Bourbaki en flanc droit, tandis que Manteuffel, qui accourt des Ardennes à marche forcée, menacera le flanc gauche et les derrières de l'armée française.

Le 7 janvier, les Français feignent quelques démonstrations sur Vesoul, puis continuent leur marche vers Belfort. Alors Werder, qui a saisi le plan de Bourbaki, se porte à sa rencontre par la route de Vesoul à Noroy ; il prend position à Moimay, Marast et la forêt des Brosses jusqu'à *Villersexel*.

Le 18ᵉ corps, commandé par le général *Billot*, passe l'Ognon à Bonnal et arrive à Esprels, le 9 janvier, vers dix heures du matin. La bataille s'engage sur toute la ligne, d'Esprels à Villersexel. Le centre de l'action est à Villersexel, où les Prussiens perdent et reprennent le château.

A onze heures du soir, les Prussiens fuient en désordre par la route de Montbéliard; mais Bourbaki n'a pu empêcher Werder d'exécuter sa retraite sur Belfort. On prétend que si les mouvements de l'armée française avaient été plus rapides, l'ennemi eût été rejeté sur la division *Cremer* et eût éprouvé un irrémédiable désastre.

Après la bataille de Villersexel, toute l'armée allemande se rallie dans la direction de Montbéliard, et déjà, le 11 janvier, plusieurs régiments de Werder occupent la ligne de Couthenans à *Héricourt*. Pendant ce temps, Bourbaki est obligé d'attendre des vivres et de masser son armée à Villersexel. C'est seulement le 13 qu'il arrive à *Arcey*, où il repousse les avant-postes prussiens. Les ennemis battent en retraite jusque derrière la Luzine, position importante, où ils se fortifient, car c'est le dernier champ de bataille où il soit possible d'arrêter les Français. Aussi, ont-ils soin de garnir d'artillerie tous les escarpements situés le long de la rive gauche de la rivière.

Le dimanche, 15 janvier, dans l'après-midi, l'armée française occupe la ville de Montbéliard, les villages de Vyans, Bussurel, Byans, Coisevaux, Couthenans et Chagey. Le même jour, la division Cremer, ayant quitté Lure, se porte sur Clairegoutte, Frédéric-Fontaine, le Magny d'Anigon, enlève facilement Belverne et Etobon, et prend position devant *Chênebier*. Les Français disposent leur artillerie sur les collines situées à droite de la Luzine.

On pense généralement que Bourbaki aurait dû ordonner l'attaque immédiate, et qu'il aurait pu alors traverser la rivière et faire lever le siège de Belfort. Dans la nuit du 15 au 16, les Prussiens reçoivent des renforts considérables. Au point du jour, Bourbaki fait commencer l'attaque générale, mais ne réussit pas à franchir la Luzine. Cependant, la division Cremer et une partie du 18e corps chassent les Prussiens de Chênebier, ce qui laisse espérer que Bourbaki pourra tourner l'armée ennemie et arriver jusqu'à Belfort.

Le 17, l'armée française tente de nouveau une attaque sur la ligne de Montbéliard à Chagey, mais sans succès.

Craignant alors de voir ses communications avec Besançon coupées par Manteuffel, Bourbaki donne l'ordre, pendant la nuit, de se replier sur Besançon. Cette retraite cause une grande surprise aux Allemands, qui, se croyant perdus, ont déjà fait tous leurs préparatifs pour se retirer au delà de Belfort.

On connait la fin malheureuse de l'armée de l'Est: Bourbaki arrive à Besançon le 22 janvier et apprend que la veille 230 wagons de vivres et équipements destinés à ses troupes ont été surpris à Dôle. Il essaie en vain de rallier son armée, et, fou de désespoir, il tente de se suicider.

Le général Clinchant le remplace à la date du 28, le jour même où arrive la nouvelle de la conclusion d'un armistice. Clinchant, qui ignore que l'armée du Sud doit continuer ses opérations, « jusqu'à ce qu'elle obtienne un résultat définitif, » reste sans défiance jusqu'au 30, puis est obligé de passer en Suisse avec ses soldats (1er février).

LES PERSONNAGES REMARQUABLES
DE LA HAUTE-SAONE

PAR A. FENARD

Inspecteur de l'enseignement primaire.

I. — ÉCRIVAINS

JEAN DE VANDENESSE. — Né à Gray vers la fin du quinzième siècle, Jean de Vandenesse réussit à gagner la confiance de Charles-Quint, qui le nomma, en 1514, surintendant de sa maison. Il conserva cette charge pendant trente-sept ans, et s'y fit remarquer par son zèle, son dévouement et son honnêteté.

Philippe II, sur la recommandation de son père, le maintint dans ses fonctions. Il se démit de son emploi en 1560, et mourut quelque temps après.

On a de lui, en manuscrit, un intéressant *Journal des voyages de l'empereur Charles-Quint et du roi Philippe II, son fils, de 1514 à 1560.*

DOM GRAPPIN. — Grappin (Pierre-Philippe), connu dans le monde des lettres sous le nom de dom Grappin, naquit à Ainvelle, le 1er février 1738. Dès sa plus tendre jeunesse, il montra de grandes dispositions pour les études littéraires. Afin de pouvoir se consacrer tout entier au travail et d'éviter les distractions du monde, il se fit moine bénédictin de l'abbaye de Luxeuil. Il avait alors dix-huit ans. Promptement remarqué par ses supérieurs, il n'en continua pas moins à étudier les langues anciennes, l'histoire et la philosophie.

Il était encore très jeune lorsque les Bénédictins lui

conférent les hautes fonctions de directeur du collège qu'ils possédaient à Saint-Ferjeux, près de Besançon. Tout en se consacrant à l'administration de cet établissement, il composa son *Histoire abrégée du comté de Bourgogne*, ainsi que plusieurs mémoires, qui furent couronnés par l'Académie de Besançon. — En 1792, il prêta serment à la Constitution civile du clergé. Cinq ans plus tard, il était secrétaire du concile tenu à Paris par les évêques assermentés, en vue de préparer le rétablissement du culte. Dom Grappin revint à Besançon, où il fut secrétaire de l'archevêque et chanoine de la cathédrale.

Il mourut en 1833, à l'âge de 95 ans.

On a de lui plusieurs ouvrages d'histoire : des *Essais poétiques*, un *Traité du pouvoir des évêques*, etc.

CRESTIN. — Né à Vellexon, en 1745, Jean-François Crestin fut successivement avocat, procureur du roi à Gray, maire de cette ville, président du tribunal civil, député à l'Assemblée législative, enfin premier sous-préfet de l'arrondissement de Gray.

Les diverses fonctions qu'il a remplies, toujours avec distinction, ne l'ont pas empêché de se livrer à l'étude de l'histoire et de la littérature. On lui doit des *Recherches historiques sur la ville de Gray*, une *Réfutation de l'histoire de Franche-Comté*, par Lefébure, une traduction des *Héroïdes d'Ovide*.

Il mourut presque subitement, le 26 août 1830, à l'âge de 85 ans, encore plein de vigueur d'esprit et de corps.

Son frère, *Simon*, officier du génie, se distingua particulièrement pendant la campagne d'Egypte. Il fut blessé mortellement à la bataille d'Aboukir, le 25 juillet 1799.

CHAUDEY. — Chaudey (Ange-Gustave), avocat et journaliste de talent, naquit à Vesoul, en 1817.

Après avoir fait de brillantes études au collège de sa ville natale, il se rendit à Paris pour y étudier le droit. Reçu licencié en 1840, il se fit bientôt connaître par la publication de plusieurs articles de journaux, et de quelques brochures, dont le mérite littéraire n'était pas inférieur à la profondeur des vues politiques. Citons : *Un conservateur* (1846); *La Crise politique* (1847); *De la formation d'une véritable opposition constitutionnelle; De l'établissement de la République; Lettre d'un républicain du lendemain à un républicain de la veille* (1848).

Après la Révolution de février, Chaudey, auxiliaire dévoué de Lamartine, soutint avec énergie la candidature de Cavaignac à la présidence de la République.

A la fin de décembre 1848, il se fit inscrire au barreau de Vesoul, pour préparer sa candidature à une future assemblée.

Exilé par le coup d'Etat du 2 décembre 1851, il se fixa en Suisse, où il fut rédacteur en chef du *Républicain de Neufchatel*.

Napoléon III l'autorisa à rentrer en France en 1856; il s'inscrivit alors au barreau de Paris et se maria.

Chaudey fut ensuite rédacteur au *Courrier du Dimanche*, puis au *Siècle*.

En 1869, il publia une brochure qui eut un grand retentissement; elle avait pour titre : *L'Empire parlementaire est-il possible?*

Après la Révolution du 4 septembre, le gouvernement de la Défense nationale le nomma maire du IXe arrondissement de Paris. Il était adjoint au maire de Paris lors de la tentative insurrectionnelle du 22 janvier 1871, que la fermeté de son attitude fit échouer.

Lorsque la Commune devint maîtresse de la capitale, il fut dénoncé par Vermesch, dans le *Père Duchêne*, pour sa conduite dans les événements du 22 janvier. Arrêté le 13 avril, interrogé par son ennemi, Raoul Rigault, il fut transféré, le 19 mai, à Sainte-Pélagie, et fusillé sans jugement le 23 mai, à onze heures du soir, dans le préau de la prison. Rigault commandait lui-même le peloton d'exécution.

M. Thiers fit l'éloge du dévouement civique du « généreux Chaudey, » et fit accorder à son jeune fils une bourse au lycée Corneille.

MONTEPIN. — Né à Apremont, en 1824, Xavier-Aymon de Montépin, fils du comte de ce nom, est l'un des plus féconds romanciers de notre époque. Il est peut-être le littérateur français dont le nom est le plus populaire.

Il s'essaya d'abord dans la politique et fonda, en 1848, un journal éphémère, le *Canard*. A la même époque, il collaborait aux journaux contre-révolutionnaires, le *Pamphlet* et le *Lampion*.

Il a donné au théâtre un grand nombre de drames, soit seul, soit en collaboration avec Alexandre Dumas, Dornay ou autres.

Mais il est plus connu comme romancier que comme dramaturge; ses romans, dont beaucoup ont été publiés en feuilletons dans les journaux, forment, à l'heure actuelle, plusieurs centaines de volumes.

II. — SAVANTS ET ÉRUDITS

EDOUARD DU MONIN. — Jean-Édouard du Monin, né à Gy, vers 1559, d'une famille bourgeoise, fut parfois comparé au célèbre Pic de la Mirandole. Il fut à la fois poète, philosophe, médecin, mathématicien.

Il possédait les langues latine, grecque, hébraïque, italienne et espagnole.

Il fut assassiné à Paris le 5 novembre 1586, à peine âgé de vingt-six ans.

Les ouvrages qu'il a publiés ont obtenu les suffrages des meilleurs esprits de son siècle; ils témoignent d'une érudition et d'une fécondité extraordinaires, mais ils pèchent par le goût, la méthode et le jugement. Plusieurs sont écrits en latin; d'autres, tels que les *Nouvelles œuvres*, l'*Uranologie ou le Ciel*, le *Quaresme*, sont composés en français.

ROMÉ DE L'ISLE. — Romé de l'Isle (Jean-Baptiste-Louis), célèbre par ses travaux de physique et de minéralogie, naquit à Gray en 1736. Il fit ses études à Paris, puis devint secrétaire d'une compagnie de génie, qui partait pour les Indes.

En 1761, les Anglais le firent prisonnier, lors de la prise de Pondichéry. Trois ans après, il recouvra la liberté et revint en France, rapportant de ses voyages un goût très prononcé pour les sciences naturelles.

Il se spécialisa dans l'étude de la minéralogie, science alors peu avancée et dont il formula les premiers principes. Il eut pour élève le célèbre Haüy.

Il se fit connaître du monde savant par plusieurs ouvrages se rapportant à la cristallographie, à la géologie, à l'étude des polypiers...

Romé de l'Isle mourut à Paris, d'une hydropisie, le 7 mars 1790.

DESAULT. — Desault (Pierre-Joseph), rénovateur de la chirurgie en France, né au Magny-Vernois, près de Lure, en 1744, avait pour véritable nom Dussaulx.

Par ses premières études, il se préparait à embrasser l'état ecclésiastique. Mais sa vocation pour les recherches médicales l'emporta sur les désirs de ses parents: il se rendit à Belfort où il travailla d'abord chez un rebouteur; puis il entra à l'hôpital militaire de cette ville, où il étudia surtout le traitement des blessures faites par les armes à feu.

Pour compléter son éducation, il alla suivre les leçons des grands maitres de la Faculté de Paris. Il fut promptement remarqué par ses professeurs, et bientôt on lui confia des cours d'anatomie et de chirurgie qui obtinrent un grand succès. L'Académie royale de chirurgie l'appela dans son sein.

En 1782, il fut nommé chirurgien de la Charité; quelque temps après il devenait chirurgien en chef de l'Hôtel-Dieu.

En 1794, lors de l'organisation de l'École de Santé, il fut appelé à la chaire de clinique chirurgicale. Il mourut à Paris le 1er juin 1795, après une maladie de trois jours, au moment où il donnait ses soins au fils de Louis XVI. On a cru à tort à un empoisonnement.

Desault était un homme d'une extrême violence, mais en même temps d'une bonté réelle et d'une grande générosité. Son œuvre comme chirurgien et surtout comme professeur est immense: il perfectionna le traitement des fractures et des luxations; il habitua ses élèves à étudier l'anatomie avec patience et précision; c'est grâce à ses leçons que l'illustre Bichat a été conduit à créer l'histologie.

Desault n'a presque rien écrit: c'est surtout son élève

Bichat qui a publié les ouvrages qui portent son nom.

BEAUCHAMPS. — Beauchamps (Pierre-Joseph), célèbre astronome et voyageur, naquit à Vesoul en 1752.

A l'âge de seize ans, il se fit moine de l'ordre de Citeaux. Peu après, il se rendit à Paris, où il suivit, au Collège de France, les cours de l'illustre astronome Jérôme de Lalande.

En 1781; il partit pour l'Asie en qualité de grand-vicaire de son oncle J. B. Miroudot-du-Bourg, nommé évêque et consul de France à Babylone.

Il séjourna en Orient pendant dix ans et y fit de précieuses observations astronomiques.

Nommé consul à Mascate, l'an IV de la République, il visita Venise, Constantinople, les bords de la Mer Noire.

Bonaparte l'appela au Caire et eut avec lui de fréquents entretiens au moment de la création de l'Institut d'Égypte.

Pris par les Anglais et livré aux Turcs comme espion, il demeura captif pendant trois ans.

Il mourut à Nice en 1801, au moment où il venait de recouvrer sa liberté et d'être nommé commissaire général des relations commerciales à Lisbonne.

Il a écrit de nombreux et savants articles qui furent insérés dans les *Mémoires de l'Académie des Sciences* et dans le *Journal des Savants*.

BARON PERCY. — Le baron Percy (Pierre-François), commandeur de la Légion d'honneur, né à Montagney en 1754, a été l'une des illustrations de la science française.

A peine venait-il de terminer ses études qu'il se consacra avec passion aux recherches anatomiques. Plus tard, il se fit une spécialité des opérations chirurgicales.

Il était chirurgien-major en 1782. Mais l'étendue de ses connaissances, la sûreté de sa pratique, son infatigable activité lui valurent un avancement rapide. Chirurgien en chef des armées de la Moselle et du Rhin, inspecteur général du service de santé militaire, chirurgien en chef des armées de l'Empire, il s'acquitta touurs de ses fonctions avec compétence et dévouement.

Après Waterloo, destitué par la Restauration, il dut · retirer du service avec la gloire d'avoir contribué, vec le baron Larrey, à l'organisation des hôpitaux ; des ambulances, et aux progrès de la chirurgie militire.

Le baron Percy a été professeur à la Faculté de médecine de Paris, membre de l'Institut et d'un grand nombre de Sociétés savantes. Il a eu l'honneur d'être porté sur le testament de Napoléon Ier pour une somme de 50,000 francs.

On lui doit plusieurs ouvrages: *Manuel de Chirurgie de l'Armée; l'Art d'appliquer le feu en chirurgie; Réponses aux questions proposées par la Commission de santé*, et un grand nombre de mémoires et d'articles de médecine et de chirurgie.

Il mourut à Paris, le 18 février 1825.

LÉLUT. — Le Dr Louis Lélut naquit à Gy, en 1776, d'une famille de médecins.

Brillant élève de l'École de médecine de Paris, il fut attaché à l'armée d'Italie en qualité de médecin. Malgré son jeune âge, on ne tarda pas à lui confier les fonctions de chirurgien d'une division de l'armée.

Il revint se fixer à Gy, en 1799, où il fut médecin de l'hôpital pendant plus de cinquante ans. Lors de l'épidémie cholérique de 1854, il montra un dévouement au-dessus de tout éloge.

Il est mort en 1860, à l'âge de quatre-vingt-quatre ans. Son fils *Francisque Lélut* (1804-1872), philosophe distingué, fut membre de l'Institut et du Corps Législatif. Il fit ses études de médecine à Paris, puis se livra à la clinique des maladies mentales. Il fut médecin de Bicêtre et de la Salpêtrière. On lui doit plusieurs ouvrages sur la phrénologie. Ses deux ouvrages sur le *Démon de Socrate* et sur l'*Amulette de Pascal* lui ont valu de nombreux contradicteurs; il y démontre que Socrate et Pascal étaient deux hallucinés. Lélut a laissé un grand nombre d'articles ou de mémoires de psychologie physiologique.

BERTAUT. — Eloi Bertaut, recteur de l'Académie

de Besançon, philosophe et publiciste, est né à Vesoul, en 1782.

A dix-huit ans, professeur de mathématiques au lycée de Besançon, il consacrait ses loisirs à l'étude des publicistes et des philosophes.

Son ouvrage : *Sur le vrai considéré comme source du bien*, qu'il publia à l'âge de vingt-quatre ans, le fit connaître comme érudit et comme penseur.

En 1819, il fut nommé recteur de l'Académie de Clermont; il prononça à l'occasion d'une distribution de prix un discours qui fit sensation à Paris et qui fut reproduit dans le *Journal des Débats*.

Ayant refusé en 1823, pour ne pas s'éloigner de Paris, d'être transféré à l'Académie de Cahors, il resta sans emploi jusqu'en 1830. A cette date, il fut nommé recteur de l'Académie de Besançon ; il s'acquitta de ses fonctions avec le zèle le plus louable, et seconda de tout son pouvoir le ministre Guizot dans l'organisation de l'enseignement primaire.

Usé par le travail, il mourut à Besançon, en 1834, au retour d'une tournée d'inspection dans le département du Jura.

Il a laissé, en manuscrits, plusieurs ouvrages d'assez grande valeur.

M. Bailly, inspecteur d'Académie honoraire à Vesoul, possède un portrait très fidèle d'Eloi Bertaut, son parent.

PETIT. — Petit (Alexis-Thérèse), né à Vesoul, le 2 octobre 1791, fit ses études à l'école centrale de Besançon, où il se montra d'une supériorité remarquable dans les cours de mathématiques. A dix ans, il possédait toutes les connaissances exigées pour l'admission à l'Ecole polytechnique. Dès l'âge de seize ans, il entra dans cet établissement, le premier de sa promotion.

A sa sortie, il fut placé hors concours, et le numéro un fut assigné à l'élève qui le suivait de plus près.

En 1811, il fut reçu docteur ès sciences après une soutenance des plus brillantes.

Peu de temps après, nommé professeur de physique à l'Ecole polytechnique, il ne tarda pas à affirmer encore sa valeur comme physicien. Plusieurs de ses travaux sont restés classiques.

La mort l'enleva prématurément à la science, le 21 juin 1820. Il succomba à une maladie de poitrine à l'âge de vingt-neuf ans.

Ses études les plus connues sont celles qu'il a faites avec Dulong sur la *théorie de la chaleur* et sur la *pesanteur spécifique* des corps.

On lui doit des mémoires très savants sur la capillarité, sur le pouvoir réfringent, sur l'emploi du principe des forces vives dans le calcul des machines.

Son tombeau, témoignage du bon souvenir de ses élèves, est au cimetière de l'Est. Il porte cette simple inscription : *A. Petit, les élèves de l'Ecole polytechnique.*

COURNOT. — Né à Gray en 1801, Cournot (Antoine-Augustin), commandeur de la Légion d'honneur, savant mathématicien et profond philosophe, entra à l'Ecole normale en 1821.

Il fut successivement professeur de mathématiques à la Faculté des sciences de Lyon, recteur de l'Académie de Grenoble, inspecteur général des études, et enfin recteur de l'Académie de Dijon, poste qu'il conserva jusqu'à sa retraite (1862).

Membre des Académies et sociétés savantes de Grenoble, de Besançon et de Dijon, Cournot a publié plusieurs ouvrages de mathématiques supérieures et de philosophie. Citons : I. *Traduction du traité d'astronomie d'Herschell*; II. *Recherches sur les principes mathématiques de la théorie des richesses*; III. *Traité élémentaire de la théorie des fonctions et du calcul infinitésimal*; IV. *Exposition de la théorie des chances et des probabilités*; V. *Essais sur les fondements de nos connaissances et sur les caractères de la critique philosophique.*

ETALLON. — Etallon (Claude-Auguste) naquit à Luxeuil le 28 août 1826. Ses parents, honnêtes marchands, lui firent suivre les cours du collège, en vue de le préparer à la carrière du professorat.

Il fut professeur à Dol, à Pau, à Saint-Claude et enfin à Gray. Dans cette dernière ville, il enseignait les mathématiques. Mais les sciences exactes ne détournaient pas son attention des sciences naturelles qu'il aima avec passion.

Il se consacra surtout à l'étude de la géologie, science qui était bien ardue à cette époque et qui l'est encore restée depuis. Les problèmes paléontologiques l'intéressaient au plus haut degré.

Il est mort subitement à Gray, à l'âge de trente-six ans, après avoir publié, dans le court espace de cinq années, des travaux qui lui ont valu une place distinguée parmi les géologues.

Ses publications principales sont : I. *Notice sur les grès bigarrés de Luxeuil* ; II. *Esquisse d'une description géologique du haut Jura* ; III. *Notice sur la classification des spongiaires du haut Jura* ; IV. *Etudes paléontologiques sur le haut Jura ;* V. *Faune de l'étage corallien.*

III. — HOMMES DE GUERRE

OTHON DE LA ROCHE. — Othon de la Roche, sire de Ray, prit une grande part à la quatrième croisade (1202). Villehardouin parle de lui avec éloge dans son *Histoire du comté de Bourgogne.*

Othon de la Roche, qui avait la confiance de Boniface, roi de Thessalonique, ménagea le mariage de la fille de ce prince avec Baudoin, empereur de Constantinople.

Le sire de Ray s'empara des villes fortes d'Athènes, et de Thèbes et en devint le premier duc; mais il céda ses conquêtes dans le Levant à son neveu en échange de la part que celui-ci avait aux biens de Bourgogne.

Il mourut peu de temps après, laissant deux fils: *Othon* qui continua la branche des sires de Ray, et *Guy*, celle des seigneurs de la Roche-sur-Longnon.

JACQUES DE MOLAY. — Jacques de Molay, le dernier grand-maître des Templiers, prit son nom de Molay, petit village du canton de Vitrey, où il possédait un château.

Il était encore très jeune lorsqu'il fut admis dans l'ordre du Temple (1265). Il se distingua dans plusieurs rencontres avec les Infidèles. Aussi, ses compagnons le nommèrent-ils grand-maître à l'unanimité, à la mort de Guillaume de Beaujeu et bien qu'à ce moment il ne fût pas dans l'Orient.

En 1299, il aida les chrétiens à reprendre Jérusalem ; mais, dans la suite, il fut forcé de se retirer dans l'île de Chypre où il se préparait à venger les revers des catholiques. Mais le pape le rappela en France en 1305, sous prétexte de fusionner en un seul les deux ordres des Templiers et des Hospitaliers.

Molay amena avec lui soixante chevaliers et un trésor considérable. Philippe-le-Bel le choisit pour parrain d'un de ses enfants, afin de mieux cacher ses desseins.

Le 13 octobre 1307, tous les Templiers furent arrêtés à la même heure dans toute la France. Des inquisiteurs les livrèrent à la torture et réussirent ainsi à arracher au plus grand nombre d'entre eux l'aveu des crimes honteux dont on les accusait.

Après un procès qui dura quatre ans et qui fut soumis, pour la forme, au concile œcuménique de Vienne, l'abolition de l'ordre des Templiers fut décrétée par le pape Clément V, sous la pression de Philippe-le-Bel.

Beaucoup de Templiers périrent sur le bûcher en affirmant leur innocence.

Jacques de Molay fut livré à son tour au supplice le 18 mars 1314. Son bûcher était dressé à l'endroit même où est aujourd'hui la statue de Henri IV.

ALEXANDRE MAITRE. — Né à Bay, petit village du canton de Marnay, Alexandre Maître, marquis de Bay, fut officier général dans les troupes d'Espagne. Il eut la réputation d'être l'un des plus grands capitaines de son temps. En 1705, il était commandant en chef dans l'Estramadure ; il défit à Gudina l'armée de milord Galowai.

En 1710, il se trouvait à la bataille de Villaviciosa, qui fut fatale aux Espagnols. Néanmoins, il réussit à sauver la plus grande partie de l'armée de son roi.

Il mourut en 1716, chevalier de la Toison-d'Or, et vice-roi de l'Estramadure.

CARTEAUX. — Carteaux (Jean-François) est né en

1751, à Aillevans, où sa maison existe encore et est désignée sous le nom de *la Carteaude*. Son père, dragon au régiment de Thianges, avait eu la jambe emportée par un boulet et avait été admis à l'Hôtel des Invalides.

Le jeune Carteaux s'essaya d'abord dans la peinture, où il montra un certain talent. Il venait de parcourir l'Europe pour se perfectionner dans son art lorsque la Révolution éclata.

Ardent républicain, il devint lieutenant de cavalerie dans la garde nationale de Paris et se distingua dans la journée du 10 août 1792. Ensuite, il obtint rapidement les grades de colonel, de général de brigade et de général de division.

Il eut un moment le commandement en chef de l'armée d'Italie. Bonaparte servit sous ses ordres au siège de Toulon et l'estimait assez peu.

En 1794, il fut enfermé à la Conciergerie pour « avoir été battu. » Il en sortit après le 9 thermidor, et fut placé en Normandie sous les ordres de Hoche. Plus tard, il fut administrateur de la Loterie, puis de la principauté de Piombino.

On ne lui confia aucun emploi à partir de 1805. Il mourut en 1813, laissant après lui la réputation d'homme au caractère difficile, aux allures cassantes et aux manières désagréables.

CHARNOTET. — Charnotet (Jean-Baptiste), né à Autrey, en 1761, est le Cincinnatus de la Haute-Saône.

Il était en troisième au collège de Gray, chez les pères Jésuites, quand il quitta les études pour se soustraire à un châtiment corporel auquel on l'avait condamné.

A l'âge de seize ans et demi, il s'engagea dans le régiment de Bourbon-dragons, pour une période de huit ans. A l'expiration de son engagement, on lui offrait les galons de maréchal-des-logis s'il voulait rester au service. Mais il refusa et revint à Autrey.

Après que la Révolution eut éclaté, il organisa la garde nationale d'Autrey, fut élu capitaine au 4e bataillon des volontaires de la Haute-Saône et envoyé au siège de Mayence.

Promu au grade de colonel, il fit toutes les campagnes sur le Rhin sous les généraux Hoche, Houchard, Maru, Moreau et prit part à la fameuse bataille de Hohenlinden.

Il était à Austerlitz, à Iéna, au siège de Lübeck; Blücher, qui commandait cette dernière place, fut forcé de se rendre, et ce fut le colonel Charnotet qui le reçut aux avant-postes.

Après Friedland, il fut nommé général de brigade, puis baron de l'Empire.

Lorsque Napoléon revint de l'île d'Elbe, Charnotet alla le rejoindre avant son entrée à Paris. Il fut nommé gouverneur d'Arras.

Quelque temps après Waterloo, le duc de Berry lui adressa des reproches auxquels il répondit fièrement.

En 1816, on liquida sa pension de retraite et il rentra dans son village natal, où il reprit la charrue et laboura ses terres jusqu'en 1837.

Il mourut le 3 novembre 1843. Sur son tombeau on a gravé l'épitaphe suivante : *Ici repose le volontaire de la République, Jean-Baptiste Charnotet, baron de l'Empire, officier de la Légion d'honneur, né et mort à Autrey, cultivateur.*

BARTHÉLEMY. — Le général Barthélemy (Nicolas-Martin) naquit à Gray, le 6 février 1765.

Engagé volontaire à seize ans, il était brigadier en 1791. Il fit partie des armées du Nord, de l'Ouest et d'Italie.

Le 1er floréal an V, il obtenait le grade de chef d'escadron dans les guides de Bonaparte. Pendant la campagne d'Egypte, sa bravoure le fit nommer colonel au 15e régiment de dragons. Il fit ensuite les campagnes d'Allemagne et de Pologne, et fut grièvement blessé à la bataille de Pultusk (24 décembre 1806).

Après cette affaire, Napoléon le nomma général de brigade, commandeur de la Légion d'honneur et baron de l'Empire.

Pendant trois ans, il guerroya en Espagne, en qualité de divisionnaire; il se joignit ensuite à la Grande-Armée qu'il dut laisser à Berlin pour cause de maladie.

En 1815, il rentra dans ses foyers, à Gray-la-Ville, où il mourut le 23 août 1835, regretté de tous ceux qui l'avaient connu.

BARON D'EQUEVILLEY. — Né à Faverney, le 26 décembre 1765, Mercier (Jules-César-Susanne), baron d'Equevilley, fut l'un des braves soldats de l'Empire. Sa famille possédait, avant 1789, la seigneurie d'Equevilley; elle habitait dans ce village pendant la plus grande partie de l'année.

Le jeune Equevilley n'avait que quatorze ans lorsqu'il entra au service, le 10 juillet 1779, dans le régiment de marine-infanterie.

Il était lieutenant depuis trois ans, au moment où le comte d'Artois donna le signal de l'émigration.

Fidèle aux principes de sa famille, le lieutenant d'Equevilley alla rejoindre l'armée de Condé, où il fut nommé chevalier de Saint-Louis (1799). Après la dissolution de cette armée, il revint en France et resta quatre années dans ses foyers.

Mais l'inactivité lui pesait d'autant plus que le bruit du canon remplissait alors l'Europe, et que les armées françaises étonnaient le monde par le nombre, la grandeur et la rapidité de leurs succès. Il reprit du service, le 8 novembre 1805, avec le grade de capitaine dans le régiment de la Tour-d'Auvergne. En Calabre, son courage et ses talents lui valurent d'être nommé aide de camp du général comte de Sainte-Croix.

En 1810, pendant les opérations militaires en Portugal, il est cité pour avoir chargé et détruit, avec quinze dragons, une compagnie d'infanterie espagnole. La même année, le 4 juillet, pour dégager le pont de Gallégos, défendu par un régiment de hussards hanovriens, il se précipite dans la mêlée avec une telle audace, qu'il traverse seul un escadron ennemi, arrive le premier de l'autre côté du pont et reçoit dix coups de sabre, dont un lui partage l'œil droit et une partie du visage.

Le 16 février 1811, il fut promu au grade de chef de bataillon. La Restauration le nomma colonel en 1814 et maréchal-de-camp en 1822. C'est en cette qualité qu'il fut chargé du commandement militaire des Pyrénées-Orientales, puis de l'Hérault.

Il mourut à Montpellier, entouré de l'estime générale, le 1er novembre 1828.

THION. — Thion (Claude), né en 1765, ne fut qu'un

simple soldat; néanmoins, son nom mérite de passer à la postérité. Pendant la guerre d'Amérique, Thion servait dans le régiment de Touraine. Chargé, le 20 janvier 1782, lors du siège de Brümstown-Hill, de porter des bombes à la batterie, il fut blessé par un boulet de canon tiré de la place; son bras droit était presque emporté, il ne tenait plus à l'épaule que par quelques filets tendineux. Thion ne pousse pas un cri, ne fait pas entendre le moindre gémissement. Il enlève de dessus son épaule droite le bâton qui servait à tenir la bombe, emprunte le couteau de son camarade, achève lui-même de séparer son bras du tronc et le laisse sur le terrain. Après cette opération, le jeune héros, véritable stoïcien, recharge la bombe sur l'épaule gauche et la porte à la batterie avant d'aller se faire panser.

Admis plus tard à l'Hôtel des Invalides, il y était depuis quatre mois, sans avoir parlé à personne des circonstances de sa blessure. Mais son héroïsme fut publié vers la fin du mois de janvier 1784. Le comte de Guibert, gouverneur des Invalides, fit conduire Thion dans les réfectoires par le major de l'hôtel, qui fit lecture du certificat donné par les officiers du régiment de Touraine, et que Thion avait toujours refusé de montrer.

Plusieurs officiers, admirant son courage, lui offrirent de l'argent, qu'il refusa avec une noble fierté ; d'autres lui proposèrent, sans plus de succès, d'accepter la moitié de leur gratification mensuelle. Néanmoins, ce soldat fut récompensé de son acte de courage : le comte de Guibert le nomma sergent-major, avec une solde au-dessus de ce grade ; un maréchal de France lui fit une pension ; la société *la Candeur* le couronna avec éclat dans une brillante cérémonie et lui offrit une magnifique médaille d'or.

GRUYER. — Gruyer (Antoine), baron de l'Empire, maréchal de camp, commandeur de la Légion d'honneur, naquit à Saint-Germain-les-Lure, le 15 mars 1774. Il fut nommé capitaine lors de la formation du 6e bataillon des volontaires de la Haute-Saône; il avait alors dix-huit ans et venait de terminer ses études au collège de Besançon.

Il fit partie successivement des armées de la Moselle,

de Sambre-et-Meuse, du Rhin et d'Italie. Il fut blessé à la bataille de Fleurus, gagnée par Jourdan, sur les Autrichiens (1794). Le 1er brumaire, an IX, il fut nommé chef de bataillon à la 43e demi-brigade, avec laquelle il se distingua au passage du Mincio et à Vérone. Il fut blessé à la bataille d'Austerlitz et nommé officier de la Légion d'honneur. Promu au grade de lieutenant-colonel dans les chasseurs de la garde, le 1er mai 1806, il fit la campagne de Prusse en 1807, et la campagne de Pologne en 1808.

Mais le prince Camille Borghèse, beau-frère de Napoléon, venait d'être nommé gouverneur-général du Piémont. A cette occasion, il demanda pour Gruyer le grade de colonel et il le choisit pour son aide de camp. Peu après, Gruyer reçut le titre de baron de l'Empire.

Le 23 février 1813, il fut nommé général de brigade. Il fit les campagnes de Saxe et de France, et obtint la croix de commandeur de la Légion d'honneur.

Louis XVIII lui confia, à la date du 22 février 1814, le commandement du département de la Haute-Saône. Gruyer accepta ces hautes fonctions, bien qu'il souffrît encore d'une blessure grave, reçue au combat de Méry-sur-Seine.

Lorsque Napoléon débarqua de l'île d'Elbe, le maréchal Ney ordonna à Gruyer de proclamer son retour. Entraîné par le vœu de la population, le général Gruyer obéit aux ordres du vainqueur de la Moskowa.

Son attitude dans ces circonstances difficiles motiva contre lui un procès politique, et le conseil de guerre de Strasbourg le condamna à mort le 17 mai 1816. L'année suivante, sa peine fut commuée en celle de vingt ans de réclusion. Quelque temps après, le duc d'Angoulême le fit rendre à la liberté.

Le général Gruyer fixa sa résidence à Strasbourg, où il mourut, le 27 août 1822, d'une maladie de poitrine.

IV. — MAGISTRATS ET PERSONNAGES POLITIQUES

JOUFFROY. — Jouffroy (Jean), 63e abbé de Luxeuil, naquit dans cette ville vers 1412. Il fit ses études à

Luxeuil, puis les compléta à Dôle et à Pavie. Il prit l'habit religieux dans la célèbre abbaye de sa ville natale.

Peu de temps après, il professait avec éclat la théologie et le droit canon à l'université de Pavie.

En 1441, il fut chargé de défendre les privilèges de l'abbaye de Luxeuil auprès de Philippe-le-Bon. Ce prince, appréciant les talents de Jouffroy, lui confia, près des cours d'Espagne, de Portugal et d'Italie, plusieurs missions, qui furent couronnées de succès.

En récompense de ses services, Jouffroy obtint le titre d'abbé de Luxeuil et l'évêché d'Arras. Il servit d'intermédiaire entre le pape et Louis XI, pour faire abolir la *Pragmatique Sanction*. Les négociations ayant été heureuses, il fut nommé à l'évêché d'Albi et reçut le chapeau de cardinal. Louis XI se l'attacha en qualité d'aumônier, le chargea de plusieurs missions politiques et le mit même à la tête des troupes désignées pour combattre la faction dite des *Armagnacs*. Il mourut pendant cette guerre, le 24 novembre 1475.

Sa maison existe encore à Luxeuil et a servi autrefois d'hôtel de ville.

RENARD. — Né à Vesoul au commencement du seizième siècle, Simon Renard, qui avait fait de fortes études de droit à l'université de Dôle, fut lieutenant général au bailliage d'Amont. Grâce à son mérite, il gagna la confiance et l'appui du chancelier Perrenot de Granvelle et de son fils l'évêque d'Arras.

Renard arriva bientôt aux plus hautes dignités : après avoir été ambassadeur en France, il fut envoyé à Londres pour chercher à conclure le mariage de l'infant d'Espagne (depuis Philippe II), avec Marie Tudor, reine d'Angleterre. Il réussit dans cette affaire.

Mais, lors de la signature du traité de Vaucelles (1556), Renard, qui représentait l'Espagne, s'écarta des ordres qui lui étaient donnés. Philippe II lui témoigna son mécontentement. Croyant avoir été desservi par le cardinal de Granvelle, Renard se tourna contre son protecteur : dans son orgueil il croyait pouvoir se substituer au cardinal dans l'administration des Pays-Bas.

Mais il fut disgracié, tomba dans la misère, languit plusieurs années à Madrid, où il mourut en 1575, laissant la réputation d'un homme habile, beau parleur, mais railleur, turbulent et ingrat.

JEAN RICHARDOT. — Jean Grusset, surnommé Richardot, habile négociateur, naquit à Champlitte vers 1540.

Il fit de brillantes études à Besançon, sous la direction de son oncle; il les compléta en Italie où il se trouva en relations avec la célèbre famille des Manuce.

Grâce à la protection de son oncle, évêque d'Arras, et à celle du cardinal de Granvelle, il devint président du conseil privé des Pays-Bas.

Il représenta l'Espagne pour discuter les conditions du traité de Vervins (1598).

Plus tard, il se rendit à Londres et fit conclure un traité d'alliance entre le roi Jacques et l'Espagne.

Il mourut, à Bruxelles, le 3 septembre 1609.

SOMMIER. — Sommier (Jean-Claude), né à Vauvillers, en 1661, fut d'abord curé dans le diocèse de Toul, puis archevêque de Césarée, et évêque assistant du trône pontifical.

C'était un prédicateur éloquent. Mais il est plus célèbre comme diplomate. Le duc de Lorraine, Léopold Ier, lui confia plusieurs missions près des cours de Rome, Venise, Mantoue, Vienne, Parme et Paris.

Trois fois il alla à Rome en qualité d'envoyé extraordinaire.

Pour le récompenser, le duc de Lorraine le nomma conseiller d'État et prélat de la Cour.

Ses œuvres ont été réunies en une vingtaine de volumes. Citons : l'*Histoire dogmatique de la Religion* et l'*Histoire dogmatique du Saint-Siège.*

GOURDAN. — Gourdan (Claude-Christophe), avocat et jurisconsulte de talent, né à Champlitte, en 1744, était lieutenant assesseur criminel au bailliage de Gray, avant la Révolution.

Député du Tiers aux États-Généraux, il demanda hardiment des réformes. Il vota l'abolition des privilèges féodaux, la création des assignats, la division du royaume en départements, la confiscation des biens du clergé, la vente des biens nationaux, la suppression des titres de noblesse.

En 1792, élu député de la Haute-Saône, à la Convention, il vota la mort de Louis XVI sans appel et sans sursis. Plus tard, il fit partie du Comité de Salut public.

Membre du Conseil des Cinq-Cents, puis du Conseil des Anciens, il se montra toujours sincèrement républicain.

Profondément attristé par le Coup d'État du 18 brumaire, il protesta de toutes ses forces. Sa carrière politique était finie. Le ministre de la police lui défendit même de se fixer à Paris.

Toutefois à la réorganisation des tribunaux, il fut nommé juge à Vesoul; mais il refusa cette place, ne voulant pas la devoir à un gouvernement établi par la force.

Gourdan fut véritablement un caractère, et s'il a voté parfois des mesures excessives, il n'avait en vue que l'intérêt supérieur de la République.

Il mourut de chagrin, le 10 novembre 1804.

TOULONGEON (François-Emmanuel), homme politique et philosophe, est né au château de Champlitte en 1748. Sa qualité de cadet de famille lui valut d'être envoyé au séminaire de Saint-Sulpice, en vue d'embrasser l'état ecclésiastique.

Il préféra la carrière des armes et devint colonel dans les chasseurs de Franche-Comté. Tout en s'occupant de son régiment, il cultivait les lettres et les arts; il étudiait les écrits des philosophes et devenait un disciple de Voltaire. Il alla même rendre visite à ce dernier à Ferney, où il reçut le meilleur accueil.

Il venait à peine de quitter le service lorsque la Révolution éclata: il fut élu député pour le bailliage d'Aval. Aux États-Généraux, il vota avec la majorité et fut l'un des premiers représentants de la noblesse qui se réunirent au Tiers-État.

A la dissolution de la Constituante, il rentra dans la

vie privée. Toutefois, il se résigna, à deux reprises, à accepter le mandat de député de la Nièvre au Corps législatif.

En 1797, il fut nommé membre de l'Institut dans la section des sciences morales et politiques. Il mourut à Paris, le 23 décembre 1812.

Toulongeon a été l'un des plus féconds écrivains modernes. Ses principaux ouvrages sont : I. *Histoire de France depuis la Révolution de 1789;* II. *Manuel du Muséum français;* III. *Traduction des Commentaires de César;* plusieurs éloges et mémoires philosophiques.

BUREAU DE PUSY. — Bureau de Pusy (Jean-Xavier), savant et homme politique, naquit à Port-sur-Saône en 1750.

Entré de bonne heure dans l'arme du génie, il devint promptement capitaine.

Élu député à l'Assemblée Constituante, il fut choisi trois fois pour la présider. On lui doit en grande partie la division de la France en départements.

Après la déclaration de guerre, il demanda à servir sa patrie en qualité de capitaine du génie, refusant un grade plus élevé. Obligé de quitter la France avec son ami, le général de La Fayette, il resta en captivité pendant cinq ans à Magdebourg et à Olmütz.

Il passa ensuite en Amérique où il étudia seul un projet d'armement de la rade de New-York.

Après le 18 brumaire, il rentra en France, et devint successivement préfet à Moulins, à Lyon et à Gênes.

Il mourut dans cette dernière ville, le 2 février 1806, à l'âge de 55 ans. Il a laissé la réputation d'un administrateur habile et d'un honnête citoyen.

BOILEAU. — Boileau (Pierre-François-Honoré) est l'un des hommes qui ont montré le plus de dévouement aux idées républicaines.

Né à Saint-Sauveur, le 5 septembre 1789, il fit son droit, puis se fit inscrire au barreau de Lure.

Il était adjoint au maire de Lure en 1815, au moment

où les troupes autrichiennes envahissaient le pays. Il épargna de grands malheurs à la ville de Lure, mais il fut emmené en captivité en Allemagne, avec deux conseillers municipaux.

Maire de Lure en 1821, conseiller général en 1833, président du Conseil général en 1836, Boileau montra dans ces différentes fonctions l'intégrité la plus complète et l'impartialité la plus grande.

En 1840, il fut nommé président du tribunal de Lure.

A la révolution de février 1848, le gouvernement le choisit pour commissaire de la République à Vesoul. Le jour de son installation il disait : « *La République sera le règne des lois et la garantie des droits de tous ; elle s'affermira par la pratique des vertus civiques et de tous les sentiments généreux qui honorent l'humanité ; elle deviendra pour notre belle France une ère nouvelle de gloire et de prospérité.* »

Après avoir exercé deux mois et demi sa haute magistrature, après avoir conquis au régime républicain de nombreuses et solides sympathies, il reprit son poste de président du tribunal de Lure, laissant à Vesoul les meilleurs souvenirs.

Il mourut en 1860, à Paris, où il s'était rendu pour se soumettre à l'opération de la lithotritie.

NOIROT. — Né à Vesoul, le 14 novembre 1795, Jean-Baptiste Noirot fit son droit à la faculté de Dijon, puis revint se faire inscrire au barreau de sa ville natale. Doué d'une vive intelligence, d'une grande activité, passionné pour les intérêts dont il s'était chargé, il ne tarda pas à acquérir une grande notoriété à Vesoul et dans tout le département.

Pendant dix-huit ans, il fut bâtonnier de l'ordre des avocats.

Elu au conseil municipal de Vesoul, il y conquit rapidement une place importante, grâce à son énergie dans le travail et à son intelligence des affaires.

Pendant toute sa vie, il avait professé des opinions libérales, et le parti avancé du département le considérait comme l'un de ses plus fermes soutiens. En 1848, il fut élu député à la Constituante par 29.000 voix. Sa loyauté, la netteté de ses vues, la sincérité de ses opinions lui méritèrent l'estime de tous ceux de ses collègues qui furent en relations avec lui.

Il mourut à Vesoul, le 14 avril 1863, à l'âge de 68 ans.

HUGUENIN. — Huguenin (Jean-Francois), ancien représentant du peuple, naquit à La Rosière en 1814.

Il fit son droit à la Faculté de Dijon, puis s'incrivit au barreau de Lure. Il devint membre du conseil municipal de cette ville où il organisa peu à peu le parti républicain.

Après la révolution de février, il échoua aux élections pour la Constituante ; mais il fut nommé l'année suivante à l'Assemblée législative. Il prit une part assez active aux travaux de cette assemblée où il siégea dans les rangs de l'extrême gauche.

Arrêté au 2 décembre, jeté en prison pendant deux mois, il fut enfin exilé.

Il passa deux années à Nice, puis fut autorisé à rentrer en France. Il se fit inscrire de nouveau au barreau de Lure, fut réélu membre du conseil municipal, mais refusa avec la dernière énergie de prêter serment de fidélité à l'Empire.

V. — ARTISTES

PRÉVOST. — Prévost (Jacques), sculpteur, peintre et graveur, naquit à Pesmes au commencement du seizième siècle.

La tradition rapporte qu'il se rendit en Italie pour se perfectionner dans son art et qu'il reçut des leçons de Michel-Ange.

En 1536, il grava le portrait de François Ier, ce qui fut presque un événement en France, où la gravure en était encore à ses premiers essais.

Prévost est l'auteur de plusieurs travaux remarquables, entre autres de la décoration du jubé de la cathédrale de Langres.

DEVOSGES. — Devosges (François), peintre assez distingué, fondateur de l'école des beaux-arts de Dijon, créateur du musée de cette ville, est né à Gray en 1732, d'une famille de sculpteurs.

Il fit ses premières études de sculpture sous la direction de son père, puis se perfectionna dans son art à l'école de Perrache et de Coustou.

A dix-huit ans, un chirurgien malhabile lui fit perdre un œil; et, de plus, il fut pendant six ans privé de l'usage de celui qui lui restait.

Après sa guérison, il dut renoncer à la sculpture à cause de la faiblesse de sa vue; il se consacra tout entier à la peinture où ses progrès rapides furent promptement remarqués; l'ambassadeur de Russie lui offrit une pension sous la condition qu'il irait habiter Saint-Pétersbourg; mais Devosges refusa de quitter la France.

Plus tard il se rendit à Dijon où il ouvrit une école gratuite de dessin en y consacrant toutes ses ressources. Il a formé plusieurs élèves qui ont soutenu dignement l'honneur de l'école française.

Pendant la Révolution il réussit à sauver de la destruction plusieurs chefs-d'œuvre qui devinrent le noyau du Musée de Dijon.

Il mourut à Dijon en 1811.

La ville de Gray lui a fait élever une statue sur la place de l'Hôtel-de-Ville. Au musée de Dijon se trouve son buste, exécuté par Rude, l'un de ses élèves les plus distingués.

Son fils, peintre de talent, a continué son œuvre et a consacré sa vie à développer à Dijon le culte et le goût des beaux-arts.

ISELIN. — Iselin (Henri-Frédéric), sculpteur de talent, élève de Rude, naquit à Clairegoutte, en 1824.

Après avoir suivi pendant quelque temps les cours de l'école des Beaux-Arts, il exposa plusieurs *Bustes* au Salon de 1859, où il n'obtint aucune récompense.

Mais, grâce à un travail opiniâtre, il fut plus heureux dans les Salons suivants: il reçut deux troisièmes médailles en 1852 et 1855, avec rappel en 1857; une deuxième médaille en 1861, rappelée en 1863; cette même année, il fut décoré de la Légion d'honneur.

Iselin a exécuté un certain nombre de travaux remarquables parmi lesquels on peut citer les bustes de Napoléon III, d'Augustin Thierry, de Murat, du duc de Morny, du président Boileau, du comte de Persigny, de Mirabeau, et d'autres encore qu'il serait trop long d'énumérer.

GÉROME. — Gérome (Jean-Léon), peintre célèbre, professeur de peinture à l'Ecole des Beaux-Arts, membre de l'Institut, est né en 1824, à Vesoul, où son père exerçait la profession d'orfèvre.

A l'âge de vingt ans, il entra, plein d'ardeur, dans l'atelier de Paul Delaroche, sous la direction duquel il suivit les cours de l'Ecole des Beaux-Arts.

Il exposa pour la première fois au Salon de 1847. Quelques années plus tard, il fit un voyage d'étude en Orient, dans la Turquie et l'Egypte, d'où il rapporta de nombreux dessins et des sujets de tableaux.

Gérome possède aujourd'hui une immense renommée, parce qu'il a su conserver les grandes et saines traditions de l'art; nul, mieux que lui, n'est à même de traiter les grands sujets religieux et ceux qui sont empruntés à l'antiquité.

Plusieurs tableaux de ce peintre ont été acquis par l'État; quelques-uns figurent au musée de Vesoul; une vierge remarquable se trouve à l'église de Chariez.

Autrefois, Gérome revenait chaque année passer quelques semaines dans son riant et frais atelier de Coulevon, où il recevait ses amis et les visiteurs avec la plus grande cordialité.

La ville de Vesoul est fière de lui; elle a donné son nom à une rue nouvellement tracée.

VI. — HOMMES D'ÉGLISE

SAINT COLOMBAN. — Colomban naquit en Irlande vers le milieu du sixième siècle. De bonne heure il se passionna pour l'étude, et, afin d'éviter les séductions du monde, il entra au monastère de Benchor, dans son pays natal.

Vers 585, il croit entendre une voix intérieure qui l'appelait à évangéliser; il quitte l'Irlande à la tête une colonie de moines, et vient se présenter au château d'Annegray, près de Faucogney, où Sigebert, roi d'Ostrasie, lui fait le meilleur accueil.

Il établit un monastère à Annegray, puis il sollicite de Gontran, roi des Burgondes, l'autorisation de fonder une abbaye dans le voisinage d'une source thermale, déjà connue des Celtes et des Romains, dans un endroit entouré de ruines et désigné sous le nom de Luxovium.

Cette autorisation lui est accordée.

Colomban était intelligent, instruit et très pieux; il avait une volonté de fer. Il établit une règle sévère dans son abbaye et sut la faire respecter.

Il eut la gloire de s'entourer d'un grand nombre d'hommes de valeur, en sorte que Luxeuil compta, de son temps, vingt religieux qui ont mérité une place au calendrier ecclésiastique.

Après la mort de Gontran, Colomban eut un jour l'occasion de reprocher à la reine Brunehaut et à son fils, Thierry, leurs honteux dérèglements; sa franchise fut punie par l'exil.

Il transmit l'autorité abbatiale à saint Eustase, moine né d'une famille noble de la Séquanie; puis il s'éloigna tristement du monastère qu'il avait fondé.

Arrvé en Italie, en 612, il fut bien reçu et protégé par le roi des Lombards. Il fonda, au pied des Apennins, l'abbaye de Bobbio, où il mourut, le 21 novembre 614.

Il existe encore, à Luxeuil, quelques dépendances du cloître dû à saint Colomban; la maison abbatiale sert de presbytère, de mairie et de salle de concert; le petit séminaire est installé dans des bâtiments qui appartiennent à l'Etat.

SAINT DESLE. — Desle ou Déicole était l'un des moines irlandais qui suivirent saint Colomban en Bretagne et en Gaule. En 610, il fonda à Lure une abbaye de Bénédictins qui devint célèbre, fort riche et fort puissante.

Cette abbaye fut plus tard réunie à celle de Mürbach en Alsace. L'abbé portait le titre d'abbé-prince; il avait voix délibérative à la diète de Francfort.

En 1648, l'abbé fut obligé de céder ses droits à Louis XIV. En 1765, l'abbaye fut sécularisée.

Une partie des anciens bâtiments de l'abbaye est occupée par la sous-préfecture; le reste a été converti en habitations particulières. Saint Desle mourut, dit-on, le 18 janvier 625.

FRANÇOIS RICHARDOT. — Il naquit à Morey, en 1507, d'une famille noble. Religieux de l'ordre de Saint Augustin, ses brillantes qualités ayant été remarquées, il fut nommé prévôt du Chapitre de Champlitte, puis administrateur du diocèse de Besançon, et enfin évêque de Nicopolis, en 1554.

Lorsque le cardinal de Granvelle fut appelé à l'archevêché de Malines, il lui succéda à l'évêché d'Arras. Il se prodiguait dans l'exercice de ses fonctions et faisait entendre fréquemment sa parole à Arras et dans les autres villes de son diocèse.

Lorsqu'il mourut en 1574, il fut extrêmement regretté.

Ce qui lui valut une assez grande célébrité, c'est son éloquence mâle et persuasive. Il fut surtout remarqué au concile de Trente où il conquit la réputation d'homme le plus éloquent d eson temps.

C'est lui qui a établi l'Université de Douai, où il donnait fréquemment des leçons.

On a de lui : I. *Oraisons funèbres de Charles-Quint, de Marie de Hongrie, de Marie, reine d'Angleterre;* II. *Deux discours*, français et latin, prononcés à l'ouverture de l'Université de Douai; III. *Discours* prononcés au concile de Trente; IV. Des *Sermons*; V. Des *ordonnances synodales*.

GOUSSET. — Gousset (Thomas-Marie-Joseph), né à Montigny-les-Cherlieu, en 1792, d'une famille de cultivateurs, se livra aux travaux des champs jusqu'à l'âge de dix-sept ans.

Une vocation subite le fit entrer dans la carrière ecclésiastique; il fut ordonné prêtre en 1817. Vicaire à Lure pendant quelques mois, il fut ensuite appelé par l'archevêque de Besançon à la chaire de théologie morale au grand séminaire. Il occupa ce poste avec une grande distinction, jusqu'en 1835, date à laquelle il fut nommé évêque de Périgueux.

En 1836, il présenta à M. Villemain ses *Observations sur la liberté de l'enseignement.*

Le 26 mai 1840, il fut nommé archevêque de Reims, et, dix ans plus tard, il reçut le chapeau de cardinal.

La Constitution de 1852 le fit sénateur de droit.

En 1856, il fut promu commandeur de la Légion d'honneur.

Le cardinal Gousset est mort à Reims le 24 décembre 1856, après avoir occupé, avec un rare talent, l'une des premières places dans le clergé français.

On cite de lui plusieurs ouvrages : I. *Doctrine de l'Eglise sur le prêt à intérêt ;* II. *Le Code civil commenté dans ses rapports avec la théologie morale ;* III. *La Justification de la théologie du P. Liguori ;* IV. *Traité de théologie ;* V. *Exposition des principes du droit canonique ;* VI. *Du droit de l'Eglise touchant la possession des biens destinés au culte et la souveraineté temporelle du Pape.*

VII. — PERSONNAGES DIVERS

BALLOUHEY. — Ballouhey (Jean-Claude), administrateur et financier, naquit à Citey, canton de Gy, le 18 septembre 1764, d'une honnête famille de cultivateurs.

A l'âge de vingt ans, Ballouhey s'enrôla dans les dragons de la Seine. Il y gagna bientôt la sympathie de son capitaine, M. Devaux, qui lui confia la caisse de la compagnie.

Plus tard, M. Devaux, devenu associé dans une grande maison de banque, fit donner la direction de l'établissement à Ballouhey qui avait, lui aussi, quitté le service militaire.

Mais la maison fit de mauvaises affaires et en vint à une liquidation.

En 1804, madame de La Rochefoucauld, première dame d'honneur de l'impératrice, présenta Ballouhey pour remplir les fonctions de trésorier.

Lorsque Napoléon eut épousé Marie-Louise, il confia à Ballouhey la charge d'intendant de la nouvelle impératrice.

Après les Cent-Jours, il fut appelé à Vienne par

Marie-Louise; mais il la suivit bientôt à Parme en qualité de ministre des finances.

Il organisa d'une façon remarquable l'administration et la comptabilité de ce petit Etat.

Atteint par la maladie, il résigna ses fonctions, et revint à Paris où il mourut en 1846, à l'âge de quatre-vingt-deux ans.

Sa renommée lui a survécu : on l'a toujours représenté comme un homme intelligent, travailleur et dont l'honnêteté est restée au-dessus de tout soupçon.

NOBLOT. — Noblot (Jean-Georges), né à Héricourt, le 6 août 1782, fit de bonnes études à l'Ecole centrale de Paris, puis revint à Héricourt où il essaya la fabrication de l'acier. Mais il renonça promptement à cette entreprise et, s'associant à Méquillet, son beau-frère, il fonda un établissement pour la préparation et le tissage du coton (1808).

Peu après, ils construisirent une filature au hameau de Chevret, dans la commune de Couthenans. C'est à Chevret que Noblot aimait à résider.

Les suffrages de ses concitoyens l'appelèrent au Conseil d'arrondissement de Lure, puis, en 1833, au Conseil général de la Haute-Saône pour le canton d'Héricourt.

Dans ces deux assemblées, il se montra ce qu'il avait toujours été, c'est-à-dire un homme d'une activité incomparable et d'une grande lucidité d'esprit.

De 1848 à 1854, il ne fit que languir, usé par le travail.

Il mourut à Chevret le 24 juin 1854.

ROCHET. — Rochet (Charles-François-Xavier), célèbre explorateur, naquit à Héricourt le 10 mai 1801.

Il était jeune encore, lorsque son père, riche maître de forges, perdit toute sa fortune. Forcé d'interrompre ses études, Rochet apprit l'état de tanneur, puis se rendit à Strasbourg pour se mettre au courant de la maroquinerie. Ayant découvert les moyens de perfectionner les couleurs en usage dans la maison où il était en apprentissage, il part en Italie afin de tirer parti de son procédé.

L'Académie de Florence lui accorde une médaille de vermeil pour ses travaux de chimie.

A Tunis, il vend son secret pour 12,000 francs.

En 1829, obligé de quitter la Tunisie, il se rend au Caire et obtient bientôt la direction d'une fabrique d'indigo à Mansourah.

Après dix ans de séjour dans cette localité, il cède à sa passion pour les voyages et part pour l'Ethiopie. Très estimé du roi du Choa, près duquel il séjourne huit mois, Rochet n'en revient pas moins en France en 1840.

Il fait paraître l'année suivante la relation de son voyage et obtient la croix de la Légion d'honneur.

Le 1er janvier 1842, il part de nouveau pour le Choa, emportant de magnifiques présents au roi de ce pays, de la part de Louis-Philippe.

Ce second voyage dure trois ans et vaut à Rochet la dignité d'officier de la Légion d'honneur.

Le gouvernement, à titre de récompense, le nomme consul à Djedda, en Arabie. Rochet y mourut le 19 mars 1854.

L'illustre Soleillet avait étudié longuement les relations de voyage de Rochet; il avait même manifesté l'intention de se rendre à Héricourt pour rechercher les membres de la famille de celui qui avait été son précurseur au Choa, ce pays où la qualité de Français est aujourd'hui encore la meilleure des recommandations.

FIN

TABLE

DES PERSONNAGES REMARQUABLES DE LA HAUTE-SAÔNE

ÉMILE COLIN. — Imprimerie de Lagny.

www.ingramcontent.com/pod-product-compliance
Ingram Content Group UK Ltd.
Pitfield, Milton Keynes, MK11 3LW, UK
UKHW020402220726
13923UKWH00004B/1696